KB274797

한국 촌놈,
베이징대 접수하다

한국 촌놈, 베이징대 접수하다

매일경제신문사

프롤로그 P R O L O G U E

촌아이의 도전이야기

나는 유년시절부터 유목민처럼 세계 이곳저곳을 이동하며 살았다.

아버지의 사업처를 따라 일본, 홍콩에서는 아늑한 유치원 시절을, 중국 대륙과 몽골의 초원에서는 와일드한 초등학교 시절을 보냈다.

열한 살 무렵 한국으로 돌아와 충남 청양 용천리에 있는 할아버지 댁에서 살게 되었다. 내가 다녔던 초등학교는 전교생이 스무 명밖에 안 되는 작은 시골학교였다. 나는 공부에는 관심이 없었지만 책 읽기는 좋아했고, 수업보다는 공차기를, 교실보다는 자연을 사랑했다. 태양의 기운이 온전히 느껴지는 넉넉한 토지, 야생이 살아 숨 쉬는 산과 계곡 여기저기를 뛰어다니며 모험을 즐겼다.

하지만 중학교 2학년에 갓 올라갈 무렵, 학생 수가 적어 학교가 폐교되면서 내 학적은 자동으로 읍내의 청양중학교로 이전되었다. 이로써 나는 처음으로 내 진로를 진지하게 고민하게 되었다.

"아이는 흙을 밟고 맘껏 뛰어놀 수 있는 곳에서 자라야 한다"고 하시던 부모님께서도 이제 공부할 나이가 되었으니 서울로 데려가겠다고 하셨다. 하지만 할아버지, 할머니께서는 내가 청양중학교, 청양농고를 나와 농사를 지으며 소박하게 살길 바랐다. 해외사업으로 고생하는 아버지처럼 힘들게 살지 말라는 어르신들의 작은 바람이었다.

온 가족이 할아버지 댁에 모여 나의 장래를 의논하던 날이었다. 나는 모두에게 "저 중국으로 유학 가겠습니다"라고 선언했다. 시선이 나에게로 집중되었다.

"중국은 미래가 더 밝은 나라라고 생각합니다. 어렸을 때 살아본 경험도 있어서 적응하는 데도 문제가 없을 거고요. 보내주세요."

　근거 없는 예측이었고, 막연한 희망이었다. 부모님의 방목식 교육에 의해 길러진 나의 모험본능이기도 했다. 어른들은 장난꾸러기로만 여겨졌던 나의 의젓한 모습에 사뭇 놀라는 기색이었다. 그러나 이내 중국 경험이 풍부하신 부모님께서는 이참에 중국을 제대로 공부하라고 격려해주었다. 혼자 떨어져 고생할 손자생각에 유학을 반대하셨던 할아버지, 할머니께서도 세 식구의 고집에 못 이겨 결국에는 지지해주었다.

　한국을 떠나 고등학생이 되었을 때 비로소 나는 도전에 대한 정의를 내릴 수 있었다.

　중국에서 중학교 시절을 보내며 2년 동안의 피나는 노력 끝에 길림성 최고의 이공계 고등학교인 창춘 11고에 들어갈 실력을 갖추게 되었다. 중국아이들과 경쟁해 중국 최고의 대학에 들어가기 위해서는 필사적으로 이 학교에 입학해야 했다. 문제는 학비였다. 중국 사업의 실패를 딛고 한국에 돌아와 이제 막 비영리단체 활동을 시작하신 아버지께는 버거운 금액이었다. 맞벌이를 하시던 어머니조차 내가 고등학교에 올라가는 해에 경제적인 어려움을 겪고 계셨다. 11고 교장선생님과의 협상이 절실했다.

고등학교 입학 전 나는 교장선생님을 찾아가 하나의 조약을 체결했다.

그 내용은 단 2년간 공부한 것치고는 우수한 성적을 내보이며, '나의 가능성을 보고 학비를 절반으로 깎아 달라'는 것이었다. 나는 이 조약을 좀 더 구체화하고 싶었다. 그래서 교장선생님께 '학비를 절반으로 면제해주는 대신 3학년 전까지 전교 10등 안에 들어가겠다'라는 내용을 문서로 만들자고 제안했다. 교장선생님과 나는 이를 '유학생 특수조약'이라 칭했다.

이 조약은 한국을 떠나며 꼭 성공해서 돌아오겠다는 내 자신, 가족과의 약속이었고, 학교를 빛낼 훌륭한 인재가 되겠다는 교장선생님과 학교와의 약속이었다. 이 문서에 '계약'이 아닌 국가와 국가 간의 언약을 가리키는 '조약'을 사용한 것은 훗날 한·중 관계에 이바지하겠다는 장기적인 다짐도 담고 싶었기 때문이다.

이 약속을 지키기 위해 누구보다 치열하게 공부했고 중국아이들과 어깨를 나란히 경쟁해 장학금을 받았다.

그리고 드디어 베이징대와 칭화대에 동시 합격하게 되었다.

도전이란 현실에 안주하지 않고 꿈을 위해 모험을 떠나는 용기다. 그리고 꿈은 세상에서 가장 강력한 약속이다.

베이징대에 들어온 지 1년 6개월이 지났다. 그동안 나는 내가 말한 '도전 정신'이 사회의 정의와 혁신, 창조를 추구했던 '베이징대 정신'과 다르지 않다는 것을 발견했다. 더 큰 공동체와의 약속으로 체현(體現)되는 베이징대생들의 꿈이야말로 이 시점에 내가 진정 맞서야 할 도전이라고 생각한다.

2010년 3월 10일. 나는 휴학을 하고 막 정들기 시작한 캠퍼스를 떠났다. 베이징대 국제정치학과 학생으로서 이론과 사례만 가르치는 강의실을 벗어나 생생한 정치현장을 체험하기 위해서였다. 그 후 한국에서 벌어질 '6 · 2 서울시장 지방선거'의 한 후보자캠프에 합류했으며, 내가 지원한 후보자의 당선소식을 뒤로 하고 내 도전의 이야기를 여러 사람들과 공유하고자 출판을 서둘렀다.

고교 시절 김현근의 《가난하다고 꿈조차 가난할 수는 없다》, 홍정욱의 《7막7장》을 읽으며 '나도 언젠가 나의 경험담을 후배들에게 들려줘야겠다'고 생각했었다. 그리고 어느덧 꿈이 현실이 되어 마음에 담아두었던 나와의 약속을 이행하게 되었다.

《한국 촌놈, 베이징대 접수하다》는 한 시골아이가 중국 최고

대학인 베이징대에 들어가게 된 과정을 통해 희망과 힘이 될 도전의 편린들을 엮어낸 책이다. 중국유학에 관심이 많거나 진로에 대해 고민하고 있는 학생들과 내 도전의 이야기를 나누고 싶다. 마지막으로 중국유학을 가고자 하는 학생들을 위해 나만의 경험과 정보도 정리해보았다.

한 촌놈의 도전 정신이 여러분들께 큰 도움이 되리라 확신해본다.

이겨레

차례 Contents

Chapter 2 수용소의 향기

1. 수용소에서의 한 학기

2. 어둠 속의 불빛

3. 꿈의 실현-베이징대와 칭화대 동시합격 _127

4. 카사노바-8명과의 사랑 _136

Chapter 3 세월을 낚는 철학자

1. 철학자의 창가 너머

2. 베이징대에서 하버드로

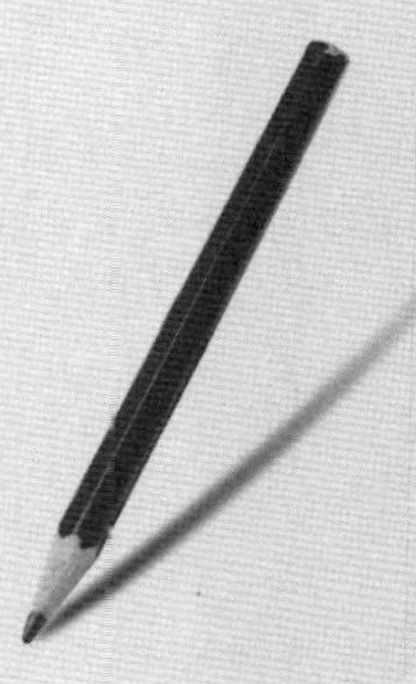

절대의 사랑을 보내주신 부모님께, 이 책을 바칩니다.

01 chapter

지옥에서 천국으로

초 단위로 숨 쉴 틈 없이 가쁘게 살았지만 행복했다. 아침에 일어나면 미치도록 노력하여 실현해야 할 온갖 목표들이 산적해 있었고, 잠자는 순간까지도 그것들과 함께 있었다. 감성과 이성의 조화로 그 목표를 관리할 수 있었다.

달성해야 할 목표가 내 자신뿐만 아니라 내가 사랑하는 사람들을 위해서라면 삶 그 자체가 천국임을 고백하지 않을 수 없다.

PEKING UNIVERSITY

내 생애 최초의 한·중 조약

"20년 후, 우리는 해서 후회할 일보다 하지 않아서 후회할 일이 더 많을 것입니다."
—마크 트웨인

"지금 교장선생님께 이 말씀을 드리지 않으면 평생 후회로 남을 것 같아 다시 왔습니다."

"뭔가? 말해 보게나."

"감히 이런 질문을 드립니다. 교장선생님께서는 '학교경영'과 '인재양성' 중 어떤 게 더 중요하다고 생각하십니까?"

"그야, 인재양성이지."

"그럼 한 가지 제안을 해도 되겠습니까?"

"해보게나."

"저는 2년 동안 공부해 고교입시에서 535.5점(600점 만점)을 받

았습니다. 중국어라곤 '팅뿌동, 씨에씨에'[1] 밖에 몰랐던 제가
얻은 결과입니다. 이러한 저의 가능성을 보시고 입학금 절반
을 면제해주십시오. 대신 2년 안에 전교 10등 안에 들어가겠습
니다. 약속을 지키지 못한다면 남은 절반을 그때 지불하겠습
니다."

교장선생님은 나의 당돌함을 나무라기보다는 도전하는 자
세를 기특하게 여기셨던 모양이다.

"그럼세. 입학 때 다시 날 찾아오게나."

교장선생님은 만면에 미소를 띠우며 흔쾌히 제안을 받아들

★★ 1) 팅뿌동(听不懂): 잘 모르겠습니다. 씨에씨에(谢谢): 감사합니다.

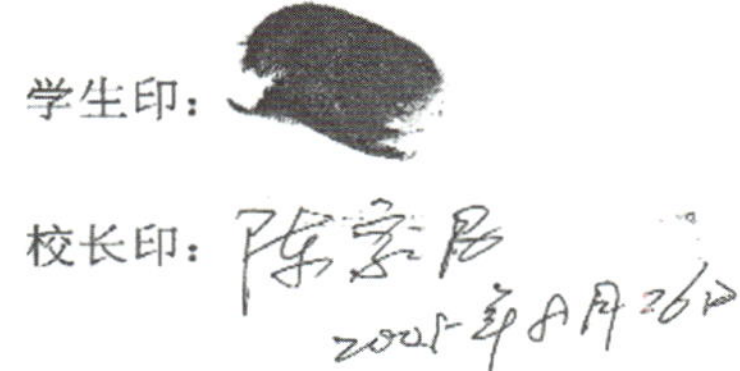

留学生特殊条约

　韩国留学生　李克瑞　首先在 11 高　交一万八千人民币。2 年后的这一时刻，若他没有进到 11 高的前 10 名时，　本人李克瑞保证再交给 11 高　一万八千人民币。

2005.8. 26

学生印：

校长印：陈宗居
2005 年 8 月 26 日

었다.

이로써 단 몇 분 만에 학비를 줄이기 위한 협상은 성공적으로 타결되었다. 다음 날 백두산으로 가던 열차 안에서 나의 미래를 그려봤다. 문득 어제의 협상을 문서화해야 할 필요성을 느꼈다. 단순한 개인과 개인 간의 약속이 아닌 좀 더 특별하고 공식적인, 나 스스로를 다그치기 위해서라도 그래야 할 것 같았다.

"유학생 특수조약, 바로 이거야!"

초안을 잡고, 집에 돌아와 문서를 작성했다. 입학식 날, 문건을 들고 교장선생님을 찾아가 '서명식'을 갖자고 졸랐다.

그렇게 내 생애 최초의 외교문서 '한·중 유학생 특수조약'은 탄생했다.

지옥, 그리고 구원의 길

"吾志所向, 愈挫愈勇。"
"나의 신념은 쓰러질수록 용감해지는 것이다."
─쑨중산(孫中山)

자신만만한 영재반 꼴찌

창춘 11고는 길림성 최고의 이공계 고
등학교인 만큼 매년 10명 이상의 학생들을 칭화대와 베이징대
로 진학시킨다(칭화대는 중국 최고의 이공계 대학이고, 베이징대는 중국 최고의 인문계 대
학이다).

11고에 입학 하던 날, 나의 최종 목표는 중국 아이들과 경쟁
해 칭화대에 들어가는 것이었다. 나는 교장선생님과의 '조약'
을 부모님께 효도하는 길이자 나의 최종목표를 달성하는 단기
목표라고 생각했다. 그러나 중국아이들과 경쟁해 전교 10등

안에 들어가는 것은 결코 쉬운 일이 아니었다.

창춘시와 길림성 각지에서 내로라하는 경쟁자들은 물론이고, 나에게는 아직 넘어야할 산이 많았다. 우선 중국어가 문제였다. 2년 동안 중국친구들과 공부하면서 기본적으로 수업을 소화하는 능력이 생겼지만, 수업내용의 난이도는 중학교 때와는 차원이 달랐다. 중화사상과 마르크스 철학을 주입식으로 가르치는 교육 속에서 나의 정체성과 창의성을 지키는 것 역시 중요한 과제였다.

나는 중국아이들과 함께 생활하면서 모든 수업의 기초가 되는 중국어를 정복하고 중국인들의 심리와 문화를 이해해야겠

★★ 나의 신념은 쓰러질수록 용감해지는 것이다.

다고 생각했다. 또 공부의 효율을 점차 높여 나만의 시간을 가져야겠다고 다짐했다. 낙후된 시설에 척박한 환경이었지만, 중국인 기숙사에서 살기로 결심했다. 그리고 뜻하지 않게 경재반에서 공부할 수 있는 기회를 얻었다.

나는 11고에서 공부할 수 있는 그 자체를 영광으로 여겼기에 솔직히 반 배정에 대해서는 고려해보지도 않았다. 그러나 교장선생님께서는 나를 영재반에 배치했다.

1학년은 총 26개의 반으로, 세 반이 영재반이었다. 그중 24반과 25반은 창춘시의 영재들을, 26반은 창춘시 이외의 지역에서 온 영재들을 집결시킨 반으로 나는 26반에서 공부하게 되었다. '유학생 특수조약'을 맺은 도전 정신 하나로 영재가 아님에도 영재반 학생이 되었던 것이다. 그렇게 난 우리학교 영재반에서 공부하고 중국인 기숙사에서 생활하는 첫 한국학생이자 외국학생이 되었다.

영재반은 입학 한 달 전부터 수업을 시작했다. 하지만 나는 입학일에 맞춰 수업을 받다 보니 반 친구들보다 한 달분의 진도가 뒤쳐지게 되었다. 그리고는 얼마 후 2주일마다 한 번씩 보는 연습시험 간주연(间周练)을 치렀다. 이번 연습시험에서는 내가 빠진 지난 한 달과 참석한 일주일분 수업을 통틀어 복습하는 시간이었다.

　결과는 처참했다. 어문(语文)[2] 61점, 영어 28점, 수학 22점, 물리 9점, 화학 0점[3]. 우리 반 70명 중 70등으로 꼴찌였다.

　한다고 했는데 최악의 점수가 나오다니…. 당당하게 교장선생님과 조약을 맺은 후 겪은 처절한 패배였기에 비참한 심경은 비할 데 없었다. 기숙사에 처박혀 엉엉 울고 싶었지만, 그럴 여유조차 내게는 사치였다. 나의 잠재력을 믿어주는 교장선생님을 떠올리며 마음을 추슬렀다.

　니체는 말했다. "날고 싶은 사람은 우선 서고, 걷고, 달리고, 오르고, 춤을 추는 것부터 배워야 한다"고. 나는 걸음마부터 배워야 했다. 철저히 계획을 세우고 이를 실행에 옮겼더니 2주 후 다시 치른 시험에서는 좀 더 나은 성적을 얻을 수 있었다. 하지만 여전히 영재반 하위권으로, 꼴지 언저리에 머물렀다. 어문 90점, 영어 78점, 수학 70.5점, 물리 38점, 화학 54점. 갈 길은 아직 멀었다.

　그러던 어느 날, 첫 시험의 수치로부터 벗어날 수 있는 기회가 생겼다.

★★ 2) 중국에서는 국어를 '어문'이라 부른다. 유학생에게는 국어가 아니라 중국어 수업이 되겠다.
★★ 3) 국어, 수학은 150점 만점, 영어, 물리, 화학은 100점 만점이다.

민간 외교관

"쉬웬버(徐渊博), 까오버(高博), 양시(杨曦)

···**리커뤠이**(李克瑞)[4]"

　내 이름이 영재들과 같이 불리는 순간이었다. 선생님께서 나에게 11고 공개수업 스피치를 하라는 것이 아닌가! 내 가슴은 부풀었다.

　매년 10월이면 11고에서는 공개수업이 열린다. 공개수업은 길림성의 몇몇 고등학교 선생님들을 모시고 11고의 수업내용과 수업방침, 학생들의 수업태도 등을 공개하는 공식행사다. 학교 측으로서는 수업의 질과 학교의 이미지를 감안해야 하기에 수업준비는 항상 영재반의 몫이었다. 우리 반은 경제파트를 맡게 되었는데, 주어진 주제는 '가치법칙(Law of value)'이었다.

　나는 성공적인 스피치를 위해서 한국에서 가져온 신문, 경제잡지들 외에도, 故 이병철 삼성회장의 장남 이맹희 씨의 회고록《묻어둔 이야기》등 여러 자료들을 참고했다.

　한번은 공개수업에 너무 시간을 뺏긴 나머지 미처 화학숙제를 하지 못했다. 그러자 선생님께서는 "이과 영재반에서 숙

★★ 4) 이겨레를 음역한 나의 중국이름

제도 안 하는 게 말이 됩니까!"라며 호되게 혼을 냈다. 얼굴이 사과처럼 붉게 달아올랐지만 대한민국을 대표하여 외교를 할 수 있다는 생각으로 자신을 달랬다.

두 번의 리허설 후, 드디어 실전의 시간이 다가왔다. 프레젠테이션과 중간토론을 마치자, 남은 수업시간은 10여분 정도. 콩닥콩닥 뛰는 가슴을 진정시키며 한 발 한 발 나아갔다. 타학교 선생님들, 정치선생님 그리고 마지막으로 우리 반 학생들에게 미소를 지으며 깍듯이 인사 했다. 잠시 환영의 박수가 터져 나왔다. 마음을 가다듬고 스피치를 시작했다.

"'중국의 세금이 낮아지는 상황에서, 중국 내에서는 해외기업들이 늘어나고 있다. 중국기업은 이들과 어떻게 경쟁할 것이가?' 이것이 제가 맡게 된 주제입니다. 이 문제에 대해 효과적인 대안을 마련해보고자 저는 중국 자동차시장에 대해 조사·연구해 보았습니다.

중국 자동차가 중국 내 해외 자동차와의 경쟁에서 살아남을 수 있는 가장 중요한 비결로는 제품의 '기술력'과 '품질'이라고 여겨집니다. 한국 자동차의 기술적, 질적 수준은 아직 독일, 일본을 따라잡지 못하고 있습니다. 하지만 한국에 있는 자동차의 90% 이상은 한국기업의 자동차로 세계에서 가장 훌륭한 내수시장을 자랑하고 있습니다.

그 이유는 무엇일까요? 한국 국민들의 애국심 때문만일까요? 아닙니다. 이것은 두 번째 원인일 것입니다. 한국 자동차의 가격과 품질이 한국소비자를 충분히 만족시킬 수 있는 것이 바로 그 까닭입니다. 중국은 자동차 과학기술을 개발해 세계 경쟁에서 살아남아야 합니다. 우수한 기술력으로 가격을 낮추고, 질을 높여 중국소비자의 욕구를 만족시켜야 합니다. 이제는 정부의 정책에 의존해 시장을 장악하는 현상은 일어나지 않아야 합니다.

앞으로 중국의 세금이 계속 낮아져도, 강한 기술력과 저렴한 가격으로 높은 품질을 유지한다면 중국 내에 있는 의국기업과의 경쟁에도 결코 두려움을 느끼지 않을 것입니다. 오히려 중국만의 독보적인 기술을 갖추고 있다면 더욱 더 적극적인 기업정책을 세울 수 있으며, 해외기업과의 협력체저도 구축할 수 있습니다. 또한 이러한 교류는 나라와 나라 간의 관계를 더욱 돈독하게 합니다. 중국 베이징자동차 투자회사와 한국 현대자동차 간의 합작회사인 '북경현대(北京现代)'처럼 말이죠.

이 문제를 연구하면서 저는 자동차와 연관된 교통 문제, 환경 문제까지도 더불어 생각해 보았습니다. 경제학은 인류사회의 한 부분이고, 비단 한 가지 학문에 머무는 것이 아니라 모든 분야에 영향을 미치기 때문입니다. 한국에서는 교통 문제

해결을 위해 '승용차 요일제'를 시행하며, 공익광고를 통해 국민들이 대중교통을 이용하도록 홍보합니다. 그리고 국제사회에서 가장 이슈화되고 있는 환경 문제를 풀기 위해 '교토의정서'에 가입하고, 전기자동차개발에 힘쓰는 등 적극적인 협력 자세를 보이고 있습니다. 중국 역시도 이러한 교통, 환경 문제 해결을 위해서 더 많은 관심을 기울여야 하며 대안을 모색하기 위해 함께 노력해야 합니다. 이는 어느 한 기업이나 국가의 책임이 아닌 전 인류가 함께 풀어야 할 우리의 공동과제가 되었습니다.

경제학은 문화와 문화를 연결해주고, 국가와 국가 그리고 나아가서는 전 인류를 연결해주는 다리입니다. 중국은 그러한

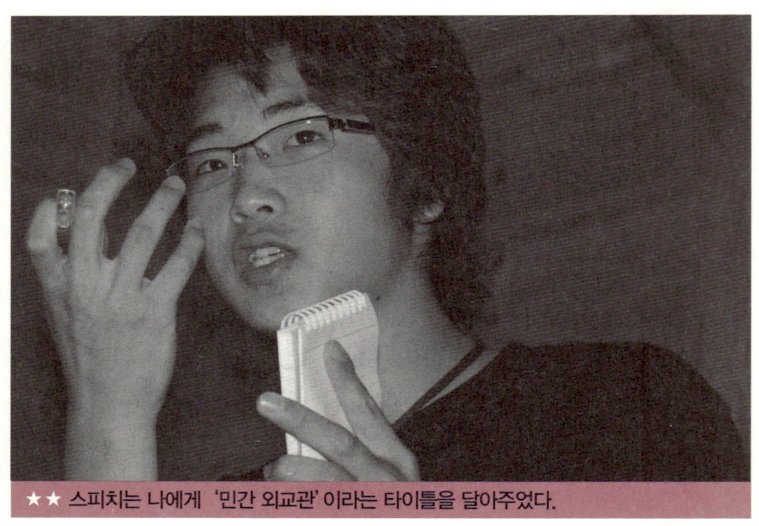

★★ 스피치는 나에게 '민간 외교관'이라는 타이틀을 달아주었다.

다리의 중심으로서 더 넓은 시야로 세계를 이해하고 선도해야 합니다. 마지막으로 저의 소중한 친구들과 자랑스러운 미래의 중국 지도자들에게 이 말을 하고 싶습니다.

'가장 위대했던 사람들도 한때는 우리와 같은 학생이었습니다. 재능과 꿈으로 가득 찬 우리 영재반 친구들이 한·중 발전을 위해, 아름다운 미래를 위해 열심히 공부하길 바랍니다. 그리고 우리 노력의 연장선에서 대한민국과 중국의 새로운 시대가 열릴 것입니다.'"

초반에는 영락없이 청양골 촌아이가 내뱉은 어설픈 스피치였다. 그러나 마무리는 '대한민국 국가대표 고등학생'이라는 사명감으로부터 나온 외침이었다. 지금도 당시를 생각하면 떨림과 감동으로 온몸이 전율한다. 그날 이후 아이들은 나를 '민간 외교관'이라 불러주었다. 훗날 선생님을 통해 알게 되었는데 나의 작은 보탬으로 인해 우리 반 수업이 '공개수업 특별상'을 받게 되었다고 한다.

스피치 후, 꼴찌라는 굴레로부터 벗어나 자긍심을 갖고 교장선생님과의 약속을 지키기 위해 전력 질주할 수 있었다. 하지만 중간마다 곡절이 많았다. 매사를 국가적 차원에서 바라보는 영웅적 환상에 매료되며 착각 속에서 헤맸다. 그리고 '너에게는 아직 약속이 남아있다'고 충고해주는 친구들보다 '미래의 한국 리더'라 치켜 주는 아이들과 몰려다녔다. 아직 감수성이 풍부한 열일곱 소년들의 낭만이라 위로해 보지만, 쓴 웃음을 짓게 하는 것은 어쩔 수 없다.

한동안 나는 국가적 차원에서의 이벤트를 하는 공상에 빠졌다. 그리고 개념, 기호, 공식들을 주요내용으로 하는 이과 과목들에 대해 '물리와 화학은 국가적으로 어떤 의미를 가지고 있을까?', '리더로서 이과 과목이 왜 필요한 걸까?', '이과 과목과 문과 과목은 분명 연결고리가 있을 텐데 그 다리역할을 해주는 것은 무엇일까?'와 같은 정치적, 철학적 사색에 빠지곤 했다. 이런 사고는 정치, 역사와 같은 문과 과목을 공부할 때는 큰 도움을 주었다. 하지만 이과 과목들을 집중적으로 공부하는 영재반에서는 오히려 독이 되었다.

잘못된 방법으로 공부한 이과 과목 때문에 성적은 여전히 바닥을 맴돌았고, 결국 꼴찌에 가까워졌다. 그제야 나는 허망한 꿈에서 깨어나 교장선생님과의 약속을 향해 달리기 시작했다. 영웅적 환상과 인기에 대한 허영심을 뿌리치고 '조약' 실현을 위해 공부에 전념하기로 한 것이다. 그리고 한겨울의 가난과 고통이 시작되었다.

똥간 스터디

“古今之成大事业, 大学问者, 必须经过三种境界: 一是 '昨夜西风凋碧树, 独上高楼望尽天涯路'; 二是 '衣带渐宽终不悔, 为伊消得人憔悴'; 三是 '众里寻他千百度, 蓦然回首, 那人却在灯火阑珊处'。”

“동서고금을 막론하고 큰 업적을 이룬 자는 필수적으로 3가지 경지에 이른다. 그 첫째가 어젯밤 차디찬 서풍이 나무를 깎아 내리는데 나 홀로 고지에 올라 천하를 바라본다. 둘째는 몸이 야위어 벨트가 흘러 내려와도 사랑하는 것을 위해서라면 나쯤이야 초라해도 좋다. 셋째는 '군중 속에서 그리도 찾았건만, 머리 한번 돌려보니 그대는 등불 아래 있었구나.”

—청나라 말기 민국시기 고증학자 왕궈웨이(王国维)

“넌 잠도 안자냐?”

어디선가 나에게 말하는 것 같았다.

“…”

“야, 제발 잠 좀 자자!”

한참이 지나서야 겨우 소리의 근원을 알 수 있었다. 우리 방에서 가장 예민한 친구가 제발 스탠드 좀 꺼달라며 애원하는 소리였다. 시계를 보니 어느새 새벽 2시였다. 나머지 6명의 친구들은 이미 곯아떨어져 있었지만, 그 친구만은 여전히 잠을 설치고 있었다. 그러나 내 처지에 잠을 잔다는 것은 생각할 수 없는 일이었다. 그렇다고 친구의 잠을 방해하면서까지 마냥 방안에서 공부할 수도 없는 노릇이었다.

바깥의 체감온도는 영하 30도. 최대한 입을 수 있는 데로 옷을 껴입고 밖으로 나갔다. 모든 방이 암흑에 잠겨있었다. 베란다에도 가보았지만 그곳의 온도 역시 바깥과 다르지 않았다. 결국 유일하게 남은 곳은 화장실뿐.

중국에 호기심이 있는 사람들은 가끔 내게 중국의 화장실 구조를 물어보곤 한다. 물론 지금은 중국도 많이 발전하여 서양식 화장실로 바뀌었다. 하지만 우리 기숙사 화장실은 사람들이 질색 하는 바로 그 중국식 화장실이다. 중국에서는 이를 '똥간(厠所)'이라고 부른다.

똥간 앞에는 걸레를 빠는 개수대와 비상시 사용할 물을 담은 제법 큰 물통이 있었다. 걸레 빠는 곳의 칸막이 높이가 의자와 비슷해 거기에 자리를 잡고, 동그란 탁자같이 생긴 물통 뚜껑 위에 책과 필기노트를 놓았다. 화장실은 분뇨가 그득한 재래식에다 아침에만 청소하기 때문에 새벽에는 암모니아의 공격에 저절로 눈물이 날 정도였다. 큰일을 보는 똥간 쪽 문은 꼭 닫혀 있었지만 지독한 냄새는 여전히 나를 괴롭혔다. 그 거

울의 똥간 스터디는 이렇게 이루어졌다.

그 곳에서 '추기풍제왕납간(邹忌讽齐王纳谏)'[5), '구천멸오(勾践灭吴)[6)'를 읽으며 중국고대인들의 지혜와 정신을 배웠다. 그리고 모택동의 시 '심원춘 · 장사(沁园春 · 长沙)[7)'에서 우러나오는 젊음의 패기를 느꼈다. 마틴 루터 킹의 'I have a dream'이 전해 주는, 그의 떨리는 꿈의 목소리도 들을 수 있었다.

★★ 5) 《전국책 · 제책일》에서의 내용. 중국 전한시대의 유향이 동주 후기인 전국시대 전략가들의 책략을 편집한 책이다.

★★ 6) 《국어 · 월어상》에서의 내용. 주나라 좌구명이 중국 춘추시대의 8개국의 역사를 쓴 첫 번째 국별체(나라별로 역사를 서술하는 방법을 말한다. 역사를 쓰는 기준은 시간, 인물 등이 있다) 역사서다.

★★ 7) 1925년 마쩌우동(毛泽东)이 고향 장샤를 떠나 광저우로 가기 전, 젊음의 열정으로 고향의 아름다움과 젊은 시절의 추억, 포부를 담은 서정시다.

중국어 공부를 하다가 졸릴 때는 잠시 똥간 문을 열고 들어 갔다. 지독한 암모니아 냄새로 잠세포를 자극하고 세수도 했 다. 잠을 쫓다가 그래도 안 되면 암모니아 목욕을 다시 하는 등 문과와 이과 과목을 바꿔가면서 고통스럽게 새벽을 맞이하 는 날이 거듭됐다.

영재반에 있다 보면 정말로 놀면서 전교 10등 안에 들어가 는 아이도 있었고(그러나 중국의 이런 학생들은 대개가 고3이 돼서 실패한다), 공부 를 너무 사랑해 공부와 사귀는 것처럼 보이는 아이도 있었다. 그러나 나에게 공부란 살아남기 위해 먹어야만 하는 쓰디쓴 약과도 같았다. 특히 학교특성상 특수훈련을 하는 이과 과목 공부는 너무나도 힘이 들었다. 쉽게 전 과목을 소화하는 아이 들이 신비롭게만 보였고, 공부를 하는 게 행복하다는 친구들 의 말은 가식적으로 들렸다. 이때만큼은 영재가 아닌 내가 영 재반에 있다는 사실이 고통스러웠다.

하염없이 잠이 쏟아질 때면 잠을 쫓기 위해 똥간을 걸으며 암모니아로 자극하고 있는 내 자신이 딱해 눈물을 뚝뚝 흘리 곤 했다. 암모니아와 뒤범벅이 된 감정을 억누르며 눈물을 흘 리는 이 비감함은 '똥간(厠所) 스터디'를 해본 자만이 알 수 있을 것이다.

도서관 옆 3위안짜리 개고기 탕

기숙사에 사는 친구들은 주말에도 교실에서 공부하곤 했다. 아침 일찍 홀로 있을 때는 차분히 집중할 수 있었지만 9시경 친구들이 한두 명씩 들어서면 뿌리칠 수 없는 유혹이 생기게 된다. 아이들과 즐겁게 이야기하고 싶고, 배드민턴을 치거나 운동장에 나가 마음껏 뛰어 놀고 싶은 생각도 들었다. 이런 유혹들은 쉽사리 뿌리칠 수 없었다. 그래서 주말마다 시립도서관에 가기로 결심했다. 주변의 유혹을 이기고 한주 내내 갇혔던 캠퍼스를 벗어날 수 있는 일석이조의 방법이었다.

이른 아침 가방을 챙겨, 도서관 가는 버스 안에서 일주일 동안 배웠던 시 혹은 고문(古文)[8]을 외웠다. 도서관에 도착하면 햇볕이 잘 들어오는 곳에 자리를 잡았다. 〈환치요(环球)〉라는 국제정치잡지를 읽으면서 한국의 소식을 접하거나, 국제정치에 대한 호기심을 충족시켰다. 그리고는 일주일 동안 배운 내용들을 하나하나 착실하게 복습했다.

그해 겨울, 나는 유난히도 가난했다. 어머니께서 힘들게 '학

★★ 8) 중국의 고대문장. '문언문(文言文)' 이라고도 불린다.

비의 절반'을 마련해주시고는 상황이 어려워 생활비를 늦추기 일쑤였다. 어머니께서 가장 어려우셨던 12월에는 "사내 녀석이 그것도 해결 못해? 친구한테 빌리든, 구걸을 하든 한 달 정도는 스스로 어떻게 해보도록 해!"라며 돈을 보내주지 않으셨다. 그렇게 자금줄이 뚝 끊어져버렸다.

지난달 생활비에서 남은 200위안(2005년도 한화로 약 3만 원)으로 아침식사를 위해 식당카드에 50위안을 충전해놓고, 점심에는 컵라면, 저녁에는 빵으로 끼니를 때웠다. 그리고 도서관을 가기 위해 50위안을 남겨두었다. 처음에는 도서관에서 공부하는 주말만이라도 영양 보충을 한다며 소고기면(牛肉面) 같은 당시 나에게는 호화로운 음식을 사먹었다. 그러자 12월 마지막 일요일에는 현금이 동나버렸다. 저금통을 탈탈 털자 평상시에 모아두었던 동전 6.2위안(2005년도 한화로 약 1,000원)이 나왔다.

"이제 월말이야. 1월 초에는 돈을 부쳐주신다고 하셨어⋯."
애써 희망을 안고 도서관으로 향했다. 귀동상에 걸리게 했던 창춘 겨울의 추위가 뼛속까지 파고들었다. 영혼까지 얼어붙을 것만 같았다. 마음도 같이 시렸다. 도서관에 도착해서는 대부분의 오전시간을 책상에 기대어 태양이 전해주는 따스함을 만끽했다. 하지만 안타깝게도 유리문을 통해 내리쬐는 따뜻하고 포근한 햇살은 내 속까지 채워주지는 못했다. 결국 돈이 올 때까지 굶겠다는 다짐을 깨고 돌아가는 차비를 뺀 4.2위안으로 식사를 할 수 있는 곳을 찾아 헤맸다.

도서관이 시 중심에 위치하고 있어서였는지, 저렴한 가격의 음식점을 찾기 힘들었다. 하는 수 없이 도서관 앞에서 파는 고구마라도 사먹으려고 도서관으로 가던 중, 하얀 간판에 '3위안짜리 개고기 탕(狗肉汤)'이라는 글자가 눈에 들어왔다. 남은 힘을 다해 다가가니 눈 앞에 보이는 것은 당장 망할 것만 같은 허름한 식당이었다. 메뉴판을 보니 다른 음식들은 전부 5위안이 넘었고 오직 한 가지만 내 조건을 충족시켰다.

"개고기 탕 3위안"

선택의 여지없이 3위안짜리(2005년도 한화로 약 500원) '개고기 탕'을 시키자 곧이어 탕과 밥 한 공기가 나왔다. 밑반찬도 없이 하얀 탕에는 세 조각의 개 껍데기와 향채 두 조각이 전부였다.

탕에서는 정확히 개고기, 향채, 소금 맛이 났다. 하지만 조화로웠다. 더 중요한 것은 탕과 밥 모두 따뜻했다는 사실이다. 밥을 먹는데 또 다시 똥간에서 공부했을 때처럼 뜨거운 눈물이 볼을 타고 흘러내렸다. 서러웠다. 또 한 편으로는 이렇게 춥고 배고픈 겨울에 따뜻한 음식을 먹을 수 있어서 감사했다.

지금 누군가가 나에게 다시 그 개고기 탕을 먹을 수 있겠냐고 물어본다면 "Yes"라고 답할 확신이 없다. 그러나 그 때는 한 가지 꿈이 있었고, 내 자신과의 약속이 있었기에 나를 생존

케 하고 따뜻하게 해주는 개고기 탕이 감사하게만 느껴졌다. 행복했다.

그 겨울의 가난과 고통, 그것은 분명 내가 선택한 약속을 지키도록 하늘이 보내주신 선물일 것이다. 맹자님도 말씀하셨다.

"故天将降大任于是人也，必先苦其心志，劳其筋骨，饿其体肤，空伐其身，行拂乱其所为，所以动心忍性，曾益其所不能。"

"하늘은 위인에게 큰 임무를 주기 전에, 심기를 고통스럽게 하고, 몸과 뼈를 아프게 하며, 배를 고프게 하고, 잘 곳을 없게 하여 모든 것을 혼란스럽게 한다. 그러므로 그 사람은 마음 깊은 곳으로부터 인내가 생기며 그 안에서 큰 임무를 수행할 수 있는 내공이 생기게 된다."

드디어 1등!

"锲而舍之，朽木不折；锲而不舍，金石可镂。蚓无爪牙之利，筋骨之强，上食埃土，下饮黄泉，用心一也。"

"조각하는 것을 쉽게 포기하면 썩은 나무도 부러뜨릴 스 없고, 조각하는 것을 멈추지 아니하면 금속도 깎을 수 있다. 지렁이는 본래 뾰족한 발톱과 이가 없으나 위로는 흙을 먹을 수 있고, 밑으로는 물을 마실 수 있나니 이것은 일편단심하기 때문이다."

—전국시대 말기 유교사상가 순자(荀子)

가난과 고통으로 앞이 보이지 않던 혹독한 겨울이 지나갔다. 그리고 희망으로 가득 찼던 따스한 봄날도 지나갔다. 조약이 체결된 지 1년이 돼가는 여름.

지난 시간 동안 나의 정신세계는 '우(雨), 설(雪), 풍(風)'으로 단련되고 변화하였다. 어떤 어려움 속에서도 교장선생님과의 약속을 지키기 위해 꾸준히 공부하고 실천해온 노력은 점차 성적에 반영되었다. 그 성취감은 영웅적 형상과 인기를 좇는 허영심으로부터 완전히 벗어나게 해주었다. 예전처럼 근면성실함과 예의를 지켰고, 더 이상 국가적 차원에서의 망상을 운운하지 않았다. 중국의 영재들처럼 공부를 사랑하는 학성이 되었다.

맹자께서도 "학문의 길은 흐트러지기 쉬운 마음을 불러 모아 다스리는 데 있다"고 하셨다. 그래서 매사를 긍정적으로 바라보고 공부하는 데에만 정성을 다했다. 선생님을 믿고 따랐으며, 모르는 것은 지체 없이 여쭤 보았다. 선생님께서 수업을 할 때 나의 존재는 1/70이지만 선생님과 단 둘이 있을 때는 1/1이었다.

오수(午睡)[9] 시간을 활용해 이전에 배웠던 내용을 선생님과 함께 복습했다. 저녁자습 시간에는 송명근 박사의 '시간관리법'을 사용해 좀 더 체계적으로 공부했다. 그러자 일주일 후부터는 공부하는 효율이 높아져 '똥간 스터디'도 일주일에 한두 차례만 하면 되었다.

작은 성취감이나 유혹에 빠지지 않도록 자아관리에도 엄격했다. 그 당시에 배웠던 위징(魏征)의 '간태종십사소(谏太宗＋急疏)[10]'는 이를 위한 좋은 지침서가 돼주었다.

"诚能见可欲, 则思知足以自戒；将有作, 则思知止以安人；念高危, 则思谦冲而自牧；惧满溢 , 则思江海下百川；乐盘游, 则思三驱以为度；忧懈怠, 则思慎始而敬终；虑壅蔽, 则思虚心以纳下；惧谗邪, 则思正身以黜恶；恩所加, 则思无因喜以谬

★★ 9) 중국에서는 학생의 오후집중력을 위해 점심식사를 마친 후 1시간 정도의 수면시간을 갖는다.
★★ 10) 재상 위징(魏征)의 당태종을 위한 상소문이다. 전문의 핵심메시지는 '거안사위, 계사이검(편안할 때도 위태로울 때를 생각하고, 검소함으로 사치스러움을 경계하라)' 이다.

賞 ; 罚所及, 则思无因怒而滥刑。"

"가지고 싶은 것을 보거든, 욕심을 억제할 줄 아시고; 거대한 토목공사를 추진하고 싶거든, 적당 선에서 멈추어 백성의 평안을 위해 힘쓰시고; 지위가 높으면 위험이 있는 법이니 항상 겸손하시고; 자아수양을 멈추지 마시고, 자만하는 것이 두렵거든 강과 바다는 냇물이 흘러 이루어졌다는 것을 잊지 마시며; 사냥에 쾌락을 느끼시거든, 군주는 일 년에 3번 이상 사냥하지 않는 예법을 잊지 마시며; 의지가 쇠약해지는 것이 걱정스러우면, 어떤 일이든 시작과 결말이 똑같이 중요하다는 것을 기억하시고; 판단이 흐려지는 것이 염려된다면, 자세를 낮추어 충신의 의견들을 수렴하시고; 거짓을 입에 달고 다니는 간사한 신하들이 두려울 때는, 자신을 바로 하여 소인배를 가깝게 두지 마시고; 사람에게 은혜를 베풀 때는 일시의 기쁨에 상을 내리지 마시고; 사람을 벌할 때는 일시의 분노에 함부로 형벌을 내리지 마옵소서."

– 《간태종십사소(谏太宗十急疏)》 중에서

그러던 어느 오수를 마친 어문시간. 선생님께서 지난주에 본 간주연 시험지를 들고 들어오셨다. 막 잠에서 깬 아이들은 아직 몽롱해 보였다. 눈이 풀려 있는 아이, 하품을 하는 아이,

기지개를 펴는 아이…. 그러다 선생님께서 시험점수를 발표하려고 하자, 다들 정신을 번쩍 차렸다.

"페이밍추 92점"
"왕펑, 68점"
"저우양, 66점"
(…)
"리커뤄이 92점"

끝으로 내 이름이 불려지자 맨 뒤에 앉아있던 나에게로 모두의 시선이 모아졌다. 한국학생이, 그것도 영재반에서 중국 영재들에게도 버겁다는 고문(占文)시험에서 공동 1등을 한 것이다.

달콤했다. 그리고 짜릿했다. 지난 세월의 가난과 배고픔, 고통과 눈물에 다시 한번 감사하던 순간이었다. 조약과 점점 멀어져가는 절망 속에서 처음으로 조약의 실현 가능성을 믿게 해준 첫 번째 성과였다.

그렇게 난 지옥에서 '천국으로 가는 길'에 들어섰다.

교지에 실리다

"고교입시에서 몇 점 맞았니?"
"네 부모님께서는 뭐 하시니?"

1등을 하자, 평소에는 내게 별 관심도 없던 룸메이트 한 명이 내 생활을 관찰하는 것 같았다. 그리고 많은 질문을 해댔다. 나쁜 의도는 아니라고 생각했지만 어딘가 감시당하는 것 같아 물어보았다.

"요사이 너 왜 그러냐?"
"담임이 너를 주제로 교지에 글을 쓰신데. 내가 네 침대 옆에서 자니까 평소에 잘 챙겨주면서 너에 대해 좀 알아오라고 하셨거든. 선생님께서도 너한테 관심이 많아 그런거니 오해하진 마."
"오해라니… 짜식, 챙겨줘서 고맙다!"
진실을 알게 되자 불편한 마음이 가셨다. 더구나 누군가 나에게 관심을 갖고 챙겨주고 있다는 생각에 안정감이 들고, 마음이 푸근해졌다. 아주 오랜만에 느끼는 집 같은 포근함이었다.

국가적 차원에서의 공헌을 접어두고, 작은 것부터 실천에
옮겼을 때 삶은 공정한 성과를 안겨주었다. 거시적인 실천을
할 때도 물론 선생님의 사랑, 친구들의 칭찬은 끊이지 않았지
만, 내면은 고통스러웠었다. 마치 비행을 하고 있지만 착륙할
곳 없이 공중에 위태롭게 떠있는 것만 같았었다. 그러나 이번
에는 달랐다. 서고, 걷고, 달리고, 오르고, 춤추는 법을 배우고
날았기 때문이다.

★★ 교내잡지 〈11고인(11高人)〉

　"인기는 다른 사람이 자신을 좋아할 때 생기고, 행복은 자기가 자신을 좋아할 때 생긴다"고 했다. 11고에 입학할 때 교장선생님과 협상한 도전 정신은 너무나 가치 있는 것이었지만, 그것으로부터 얻은 인기와 행복은 순간의 허영심이었다. 인기는 '영웅'을 좇는 친구들로부터 온 것이며, 행복은 그 인기를 좋아하는 내 허영심으로부터 온 것이다.

　국가적 차원에서의 내 모든 실천들도 의미는 있었지만, 지켜야 할 약속이 있는 학생인 나에게 인기는 덧없는 것이었다. 나는 학생으로서 정성을 다하고 꾸준히 노력하여 1등을 했다. 학생의 본분을 다한 내 자신이 대견했기에 행복했고, 내가 행복했기에 친구들과 선생님들도 나를 더 좋아했다. 그것이 전부다.

　프란시스 베이컨은 "위대한 변화는 작은 변화보다 쉽다"고 말했다. 젊음의 도전 정신으로 위대한 변화를 선택하여, 허영심을 버리고 사명감으로 작은 변화들을 위해 꾸준히 실천했을 때 나는 '천국으로 가는 길'에 오를 수 있었다.

천국의 문을 열다

사랑의 묘약

내 생애 가장 아름다운 사랑

막내 삼촌은 일본여자와 결혼했다. 그리고 1998년에 이란성 쌍둥이를 낳았다. 한 명은 아들, 한 명은 딸. 아들 이름은 아야 또 사사키(李礼人), 딸은 레미 사사키(李礼美)이다.

이란성쌍둥이는 한의학에서의 음, 양과 같아서 흥미로운 대목이 많다고 들었다. 이들은 서로 정반대의 성격을 가지고 있고, 상대의 부족한 점을 보완해준다고 한다. 나의 사촌들에게도 이 원리가 작용해서인지 아야또는 온순한 반면 레미는 예민하고, 아야또는 국어를, 레미는 수학을 잘한다. 또한 다야또는 이상적이어서 장래희망이 과학자가 되어 노벨 물리학상을 받는 것이고, 레미는 현실적이어서 애완견 판매점을 운영하는 것이다.

나는 그 아이들이 세 살 되던 해 처음 보았고, 그 순간부터 사랑에 빠졌다. 아이들도 유난히 나를 잘 따랐다. 우리는 말이 통하지 않았지만 서로 교감할 수 있었다. 하지만 반가움도 잠시, 그 아이들은 설날을 맞아 잠시 한국을 방문한 것이었기 때문에 금방 떨어져야 했다. 그리고 6년이 지나서야 비로소 다시 만날 수 있었다. 오랜만에 만난 그아이들과 나는 더 많은 시간을 보냈다.

에버랜드에서 놀이기구를 기다리며 미소짓던 설렘, 독수리요새를 타고 소리 지르며 터트리던 함박웃음, 대천 해수욕장에서 정신없이 뛰고 물놀이 하던 천진난만함, 그리그 이른 아침 꿈나라에서 깨어나지 않은 채 쌕쌕거리던 아이들의 숨결…. 그 여름 레미와 아야또가 있어 행복했다.

꿈같던 일주일이 지나고 아이들이 떠나자, 나는 우울증에 시달렸다. 주체할 수 없이 마음이 시리고 아팠다. 깔깔거리던 웃음소리, 눈길을 주고받던 순간들을 회상하며 스스로를 추슬

러 보았다. 하지만 전화선을 타고 흐르는 아이들의 종달새 같은 목소리를 들을 때면 하염없이 눈물만 흘리곤 했다. 그렇다고 사촌들을 향한 그리움으로 울고 있는 내 자신을 그대로 내버려 둘 수는 없었다.

나는 "아픔은 나를 더 강인하게 단련시켜 줄 것이니, 사랑만 하기에도 부족한 시간들을 더욱 소중하고 알차게 보내야 해"라며 애써 마음을 다잡았다. 거기에 아야또와 레미의 멋진 형, 오빠가 되기 위해서 어떤 상황에서도 꿈을 이루어내겠다고 다짐했다.

사랑, 그것은 아름다움 그 자체요, 꿈을 향한 에너지이다.

아야또와 레미에 의해 가꿀 수 있었던 진정한 사랑의 아름다움은 가족과 친구에 대한 사랑을 더욱 확고하게 해주었다. 그리고 그것은 '천국의 문'을 여는 첫 번째 열쇠가 되었다.

히틀러를 닮은 선생님

원래 나는 중국의 정치가 장쩌민(江澤民) 혹은 후진타오(胡锦涛)처럼 이공계에서 공부한 리더가 되고 싶었다. 그래서 11고에 처음 들어갔을 때 나의 목표는 중국아이들과 경쟁하여 최고의 이공계 대학교인 칭화대에 들어가는 것이었다. 계획대르라면 이과 영재반에 있었겠지만, 최종적으로 문과를 선택했다. 1년 동안 이과에서 공부해본 결과 문과가 적성에 더 맞는다는 판단에 따라 반을 전향하게 된 것이다. 그래서 내 목표도 칭화대에서 베이징대로 바뀌게 되었다.

문과 영재반은 국어, 영어, 수학의 기말고사 성적기준으로 학생들을 선발했다. 입학할 때와는 달리 이번에는 나 역시도 그 기준에 맞는 성적으로 문과 영재반에 들어갔다. 그리고 또 하나의 축복이 주어졌다. 1학년 때, 가장 좋아했던 영어선생님 주린(朱琳)이 담임선생님이 된 것이다. 그분은 우리 엄마처럼 예민하면서도 사랑이 넘치셨으며, 자기주장이 뚜렷하셨다. 그래서 제일 사랑했던 선생님이었는데, 담임이 되다니…. 그러나 한편으로는 걱정도 되었다. '그녀는 담임이 아닐 때는 천사 같지만, 담임이 되면 바로 히틀러가 된다'는 소문 때문이었다. 어쨌든 나는 문과 영재반에 들어가 2학년 6반이라는 새로운 공동체에서 생활하게 되었다.

"나는 너희와 함께 고기를 잡으러 갈 수 없다. 하지만 너희에게 고기 잡는 법을 가르칠 것이니, 이제 스스로의 힘으로 이 경쟁에서 살아남아야 한다"

"절대 잊지 마라. 공부는 스스로 하는 것이다."

"여자는 지조를 지키는 공주여야 하며, 남자는 매너 있는 거지여야 한다."

★★ 주린 선생님은 고교시절 내가 가장 좋아했던 선생님이다.

개학 첫 날 주린 선생님은 반 학생들이 편안하게 공동체에 적응할 수 있도록 우리가 훗날 '주린 선생님의 어록'이라고 부르는 3문장을 차분한 어조로 말했다. 하지만 문과 영재반에서의 첫날은 긴장감으로 가득 했다. 시간이 지나면서 긴장이 풀리자, 선생님께서는 그때부터 어김없이 어록의 문장들을 히틀러처럼 명령하셨다. 심지어 성적 미달자는 과감히 반에서 탈락시켜버리는 무자비하고 냉정한 정책을 밀어붙이셨다. 그녀에게는 여장군처럼 반을 관리한다고 하여 '朱(주)sir'라는 별명이 따라붙었다. 지금 그녀를 떠올려 보면 영화 〈밀리언 달러 베이비〉에 나오는 대사가 생각난다.

"훌륭한 선수를 만들기 위해서는 호되게 꾸짖을 수도 있어야 하네. 말하는 것으로 모든 것을 고쳐줄 수는 없지. 몸에 채찍을 가해 고치게 하게. 오직 자네 말을 들으면서 지치게 만들고, 오직 자네 목소리를 듣게 해야 하며, 자네가 말하는 것을 하게 해야 하네."

날이 갈수록 그녀의 관리 하에 생존해가는 것이 점점 힘들어졌지만, 그녀를 믿고 따랐다. 그녀가 엄마 같았기에 사랑하는 마음으로 따랐다. 선생님과의 수많은 대화를 통해서 경쟁에서 살아남을 수 있는 방법을 모색하고 터득했다. 그리고 우리 반을 이끄는 한 학생이 되었다.

그녀의 스파르타식 훈련 속에서도 천국처럼 한 학기를 보낼

수 있었던 것 역시 선생님을 사랑하는 마음으로부터 시작되
었다.

아야또와 레미, 그리고 선생님에 대한 사랑으로 난 '천국의
문'을 열게 되었다.

독한 놈 - '와심(心)상담'

有志者, 事竟成, 破釜沉舟, 百二秦关终属楚;
苦心人, 天不负, 卧薪尝胆, 三千越甲可吞吴。"

"의지 있는 자는 결국에는 성공한다. '파부침주(破釜沉舟)'[11]하
면 진나라도 초나라에게 대패하지 않았는가. 고생하는 자는
하늘이 배반하지 않는다. '와신상담'하면 3천의 월나라 군대로
도 오나라를 정복하지 않았던가."

―청나라 소설가 및 극작가 푸송링(蒲松龄)

어느새 겨울이 되었다. 사랑으로 '천국의 문'은 열었지만,
강한 의지만으로는 '천국의 삶'을 만끽할 수 없었다. 약속을

★★ 11) 밥 지을 솥을 깨뜨리고 돌아갈 때 타고 갈 배를 가라앉힌다는 뜻으로, 살아 돌아오기
를 기약하지 않고 결사적으로 싸우겠다는 굳은 결의를 비유하여 이르는 말.

지켜가는 실천과 사명감으로 지옥에서 '천국으로 가는 길'에 오른 것처럼, 가장 취약한 어문 시험에 집중했다. 문과 경재반 친구들과 어문(语文) 선생님께서도 놀랄 정도로 '굴원열전(屈原列传)'12)을 틀리지 않고, 한 번도 끊이지 않게 외웠으며, 사마천의 편지글 '보인안서(报仁安书)'13)에 나오는 위인들의 역경들을 통감했다.

"古者富贵而名摩灭, 不可胜记, 唯倜傥非常之人称焉。盖西伯 (文王) 拘而演《周易》; 仲尼厄而作《春秋》; 屈原放逐, 乃赋《离骚》; 左丘失明,厥有《国语》; 孙子膑脚,《兵法》修列; 韦迁蜀, 世传《吕览》; 韩非囚秦,《说难》《孤愤》;《诗》三百篇, 大底圣贤发愤之所为作也。此人皆意有所郁结, 不得通其道, 故述往事, 思来者。乃如左丘明无目, 孙子断足, 终不可用, 退而论书策, 以舒其愤, 思垂空文以自见。"

"고대에는 부와 귀를 가졌음에도 역사 속에서 잊힌 자가 무

★★ 12) 《사기》의 '굴원고의열전'에서 굴원 부분만 채취해 교과서에 사용하였다. 사마천의 《사기》는 본기(本纪), 세가(世家), 열전(列传), 표(表), 서(书)로 구성되어 있는데, 총130편 중 열전은 70편을 차지하며 중요인물의 언행을 묘사한 내용이다.
★★ 13) '보인안서'는 사마천이 친구 인안(仁安)에게 쓴 편지다. 이 편지를 통해 사마천의 사상, 《사기》의 집필목적, 집필과정 등을 알 수 있는데, 필자가 인용한 문구는 사마천이 자신의 집필목적을 서술하면서 자신과 처지가 비슷한 역사인물들을 나열한 내용이다.

수히도 많다. 오로지 비상한 인재들만이 후대들에게 기억된다. 주문왕은 '이(里라는 도시이름)'에 갇혀 《주역》을 엮어냈고, 공자는 가난 속에서 《춘추》를 편집했으며, 굴원은 유배당한 후 《이소》를 창작했다. 손빈은 다리가 잘린 후 《병법》을 편작했고, 여불위는 촉나라 영토에 유배당해 《여씨춘추》를 세상에 알렸으며, 《시경》 삼백 편 또한 많은 현인들이 자신의 울분을 표현하면서 탄생됐다. 모든 걸작들은 그 시대 사람들이 자신의 생각을 후대가 꼭 알아주기를 간절히 바라며 집필한 역사적 산물이다. 좌우명은 눈이 멀고, 손빈은 다리가 잘려 당 시대를 위해 자신의 힘을 공헌할 수 없으니 집으로 돌아가 후대들을 위한 글을 쓰기 시작한 것이다."

당시 나는 거세를 당하고도 오로지 후대를 위해서 글을 썼던 사마천에 흠뻑 빠지게 되었으며, 특히 《사기》의 월왕구천(越王勾踐)과 오왕부차(吳王夫差)의 이야기에 사로잡혔다. 춘추시대, 아버지의 원수를 갚기 위해 하루도 편히 잠들지 않았던 오왕부차, 복수와 재기를 꿈꾸며 자신을 채찍질했던 월왕구천. 나는 그들의 정신에 높은 점수를 주고 싶었다. 그리고 거기에는 그

★★ 14) 불편한 섶에 몸을 눕히고 쓸개를 맛본다는 뜻으로, 원수를 갚거나 마음먹은 일을 위하여 온갖 어려움과 괴로움을 참고 견딤을 비유한 월왕부차(越王夫差)의 이야기다.

정신을 대표하는 사자성어 '와신상담(臥薪嘗膽)[14]'이 있었다.

나에게도 중대한 약속이 있었다. 앞에서도 자주 언급했듯이 1년 전 11고 교장선생님과의 약속이다. 그 약속을 지키기 위해서는 나에게도 '와신상담'과 같은 정신이 필요하다고 생각했다. 그는 육체를 고통스럽게 하여 목적을 달성코자 나뭇가지 위에서 잤으며, 식사를 할 때마다 곰쓸개를 핥았다. 육체적 고통을 통해서 정신적 타락을 경계하고 방지한 것이다.

하지만 우리 학교는 기숙사 관리가 군대처럼 엄격했기에 나뭇가지 위에서 잠을 잘 수는 없었다. 수업을 마친 어느 날 나는 곰쓸개 대신 돼지쓸개라도 구해 독한 마음으로 공부를 시도해볼 요량으로 고기시장에 갔다.

"아저씨, 여기 돼지쓸개 있나요?"

"없다."

웬만한 곳은 다 찾아봤지만 구경조차 할 수 없었다. 낙심하여 학교로 돌아가던 길에 시장과는 좀 떨어져 있는 작은 고깃집이 눈에 띄었다. 혹시나 하는 마음에 들어갔더니 못생기고 뚱뚱한 아주머니가 나를 맞았다.

"애, 뭐 사러 왔니?"

"저… 돼지쓸개 있나요?"

"아니, 돼지쓸개는 어디다 쓰려고?"

곧 있으면 저녁자습이라서 꼬치꼬치 물어 보는 게 성가셨지만 "공부할 때 쓰려고요"라며 성의껏 대답했다.

그러자 아주머니는 "잠시만 기다려 봐라"하며 안으로 들어갔다 나오셨다.

"미안하다. 다 팔렸구나. 대신 내일 싱싱한 놈으로 가져다줄게. 아침 7시까지 오려무나."

"얼마면 돼요?"

"10위안(2005년도 한화로 약 1,500원)이면 충분할 거다."

아쉬운 마음을 뒤로 하고 급히 저녁자습을 하러 학교로 뛰어갔다. 다음 날 새벽, 서둘러 시장으로 향했다. 겨울이라 바

같은 아직 어둠 속에 덮여있었다. 시장에 도착하니 가게 문은 아직 닫혀있었다. 체조를 하면서 아주머니를 기다리고 있는데, 저쪽 모퉁이에서 새벽빛을 받으며 한 아저씨가 다가왔다. 언뜻 보기에 고깃집 아주머니의 남편인 듯했다.

나는 다급히 "아주머니는요?"라고 물었다.

"어제 어떤 학생이 돼지쓸개를 주문해서 찾으러 갔단다"

"언제쯤 오시죠?"

"금방 올 거야."

한참이 지나서야 아주머니는 검정봉투 하나를 들고 나타나셨다. 무게를 재니 가격은 8.5위안(2005년도 한화로 약 1,300원)이었다. 10위안을 내고 거스름돈을 받아 주머니에 쑤셔 넣었다. 쓸개가 어떻게 생겼는지 확인해볼 새도 없이 서둘러 학교로 돌아갔다. 교실 안은 학생들로 가득 차 있었다. 아침 자습을 감독하시는 담임선생님께 눈인사만 하고 자리에 앉았다. 숨을 헐떡이며 봉투 안을 힐끗 보았다. 여름철 외할머니 댁에 가면 할머니께서는 저고리를 벗으시고 등목을 하시는데, 꼭 할머니의 축 처진 젖가슴 같았다. 하얀 껍질 위에는 뻘건 피와 초록색 액체가 묻어 있었다. 이날 어렵사리 구한 쓸개가 곧 터질 것만 같아 도무지 수업에 집중할 수가 없었다.

기숙사에 돌아가 마침내 애지중지하던 쓸개를 벽에 걸었다.

2학년이 되어, 나는 이과 기숙사에서 문과 기숙사로 옮겼다. 그곳은 4명이 8인실을 사용하여 공간이 넉넉하였고, 새벽에 스탠드를 켜도 잠을 설칠 예민한 친구도 없었다. 그리하여 '똥간 스터디'는 사라지게 되었지만, **와심상담(臥心嘗胆)**[15]'의 시대는 도래했다.

독하게 마음을 먹고 나뭇가지 위에서 자는 상상을 하면서 새벽 4시에 일어났다. 나는 이를 '와심(臥心)'이라 했다. 새벽에 일어나면 세수로 잠을 깨우고, 어렵게 구한 쓸개에 혀끝을 갔다 댔다. 쓸쓸함에 온몸이 전율했고, 그 고통은 '똥간 스터디'를 할 때 암모니아가 주었던 고통과 매우 흡사했다. 등교 전, 또 한 번 혀끝으로 쓸개를 핥았다. 그러면 혀의 쓴맛은 점심때까지 맴돌아 참을 수 없이 쏟아지는 졸음에서 가까스로 벗어날 수 있었다. 그렇게 나는 '와심상담'을 실천할 수 있었다.

1학년 때의 가난과 고통 때문이었는지, 아니면 아야또, 레미 그리고 담임선생님을 위해서였는지 나는 이미 독한 놈이 되어 있었다. '와심상담'이 주는 고통에도 결코 굴복하지도, 눈물을 흘리지도 않았다. 그리고 효율적인 시간관리로 중국어 성적 20

★★ 15) 나는 기숙사에서 곰쓸개를 대신해서 돼지쓸개를 핥을 수 있었다. 하지만 나뭇가지 위에서 자지는 못했다. 때문에 마음속으로 그렇다고 생각하며 마음심(心)을 써서 '와심상담'이라 했다.

점 향상이라는 목표를 달성했다. 방학시간을 이용해 잠재력이 큰 영어를 나의 최고 과목으로 만들고 취약한 수학을 보완했다.

그리고 그 해 겨울방학, 꿈과 한 발짝 더 가까워지기 위해 베이징으로 향했다.

피그말리온 효과[16]

"R(Realization) = VD(Vivid Dream)"
"생생하게 꿈꾸면 이루어진다."

– 《꿈꾸는 다락방》 중에서

10년 만에 찾은 베이징은 몰라볼 정도로 발전해있었다(초등학교 1학년 때 우리가족은 베이징에서 살았다). 그때 보았던 3륜 오토바이, 수많은 자전거들이 자동차로 대체되고, 골목과 골목 사이에는 못 보던 빌딩이 들어서 있었다. 도대체 어디가 어딘지 전혀 알아볼 수 없었다. 창춘에서 기차를 타고 베이징에 도착한 나는 엄마를 모시러 공항으로 향했다.

★★ 16) 조각가였던 피그말리온은 아름다운 여인상을 조각하고, 그 여인상을 진심으로 사랑하게 된다. 여신 아프로디테(비너스)는 그의 사랑에 감동하여 여인상에게 생명을 주었다. 이처럼 무언가에 대한 사람의 믿음, 기대, 예측이 실제적으로 일어나는 경향을 말한다.

엄마가 도착하기까지는 아직 1시간 정도가 남아있었다. 공항 여기저기를 둘러보고 오가는 사람들을 바라보면서 시간을 보냈다. 그러던 차에 한 아저씨가 눈에 들어왔다. 런던 발 비행기에서 내린 그는 50세쯤 되어 보였다. 전통적인 상아색 면바지에 고급스런 녹색 스웨터 차림이었다. 게이트를 통과해 걸어 나오는 아저씨의 모습에서 지성과 품격이 풍겼다. 곧이어 한 아름다운 여인이 185cm가 넘어 보이는 그의 품안으로 달려 들어갔다. 너무 젊어서 딸인 줄 알았는데, 수위 높은 애정행위에 미루어 연인 혹은 부부임을 짐작할 수 있었다. 이런 아저씨의 모습은 청양골에서 온 촌아이에게는 신선했다. '자기관리를 잘해서 저런 멋진 어른이 돼야지'하며 미래의 내 모습을 상상했다.

행복한 자아상을 꿈꾸고 있어서인지 시간이 얼마 안 된 거 같았는데 어디선가 "겨레야!"하는 목소리가 들려왔다. 짧은 머리를 한 엄마가 흠뻑 미소를 머금으며 달려왔다. 엄마를 꼭 껴안았다. 오랫동안 나누지 못한 이야기와 정을 나누면서 시내로 향했다.

지도에 보이는 베이징대와 가장 근접한 요이호텔(友谊宾馆)에 도착해 짐을 풀었다. 그리고 오리구이로 유명한 쳰쮜더(全聚德)에 갔다. 오랜만의 풍요로운 만찬이었다. 오리구이로 포식하면서 엄마와 많은 이야기를 나눴다. 엄마는 최근에 읽고 있는 앨빈 토플러의 《부의 미래》에 대해 흥미진진하게 말씀하셨고, 나는 최근 들어 심도 있게 공부하고 있는 마르크스 철학에 대해 이야기했다. 또 내 본성의 약점은 무엇인지, 근원적 이유가 무엇인지, 극복하기 위해서는 어떻게 노력해야 하는지 등에 대해 토론했다. 즐겁고 행복한 시간이었다.

알차고 행복한 하루를 마치고, 나는 여권을 연장하러 주중 한국대사관에 갔다. 일을 끝내고 호텔로 돌아오던 중, 알 수 없는 거대한 흡인력에 의해 지도를 따라 인민대학교 방향으로 걸어갔다. 호텔에서 채 5분도 되지 않는 곳에 인민대가 있었다. 베이징대도 금방 찾을 수 있을 것 같았다. 택시를 타고 무작정 베이징대로 가자고 했더니, 10분도 채 안 걸려 도착했다. 괜스레 가슴이 두근거려 심호흡을 했다.

캠퍼스 여기저기를 둘러보는데 학교 내부에도 호텔이 있지 않은가! 게다가 일반실 객실료가 하루 220위안(2005년도 한화로 약 3만 3,000원)에 불과했다. 당시 내가 알아본 호텔 중 가장 싼 가격이었다. 더구나 베이징대에서 남은 시간을 보낼 수 있다니…. 이 얼마나 기분좋은 일인가! 바로 호텔로 돌아와 엄마에게 말하고 베이징대로 출발했다. 겨울방학에다 세미나 등의 활동이 없어서인지 빈방이 꽤 있었다. 그렇게 우리는 베이징대 내 호텔에서 생활하게 되었다. 그 후 엄마는 내가 혼자서 조용히 지난 시간들을 점검해보고 미래를 계획하는 것이 좋겠다며 며칠 후 귀국하셨다. 짧은 시간이었지만 엄마는 내게 사랑을 듬뿍 주었으며, 장래에 대해서도 진지하게 조언해주셨다.

베이징대에서 공부하며 점점 성숙해지는 내 모습을 그려 보았다. 대학을 졸업하고 어른이 되어 결혼하는 모습도 상상해 보았다.

나는 열심히 공부하여 훌륭한 외교관이 되었고, 엄마와 아빠는 세월이 흐르면서 좋은 우정으로 지낸다. 나는 세계 각국의 친구들을 초대하고, 사랑하는 가족들은 물론 인생에 큰 영향을 끼친 스승님과 선후배들을 초대한다. 사랑하는 사람과 작은 섬에서 내가 직접 기획한 이벤트로 결혼식을 한다. 아름다운 아내와 영원한 사랑과 우정을 약속한다.

엄마가 떠난 후에도 상상은 계속되었다. 베이징대 후드티를 입고 이미 베이징대생이 된 것처럼 캠퍼스 이곳저곳을 걸었다.

심야에 서로 모르는 학생들이 모여 학문을 토론한다던 차이웬페이(蔡元培) 총장의 동상 앞, 달빛 아래는 낭만이, 새벽에는 학구열이 불타는 웨이밍후(未明湖), '중국의 스승'이자 '동방문학'의 창시자로 불리는 지셴린(季羨林) 교수가 하루 종일 연구하고 공부했다던 그 도서관이 내 눈앞에 보였다. 이윽고 '백악

관의 심장을 파고든 중국 나그네'라는 별명을 가진 미국전문
가 왕지쓰(王缉思) 국제관계학원 원장, 저우언라이(周恩来) 이래 중
국 최고의 외교관으로 꼽히며 국내에는 저서 《외교십기》로 더
유명한 첸지천(钱其琛) 국제관계학원 명예원장, 세계은행 부총
재 · 수석경제학자이자 중국경제연구중심의 창립자 린이푸(林毅
夫) 교수 등이 떠오르면서 중국 최고의 학자들을 만날 수 있다
는 생각이 들자 더욱 흥분이 되었다.

나는 한층 더 구체적으로 베이징대생이라고 상상했다. 새벽
5시면 캠퍼스를 달린다. 아침 뉴스를 들으며 샤워를 한다. 아
침식사와 함께 세계 뉴스를 소화한다. 오전에는 수업에 참석

★★ 베이징을 떠나기 전 천안문 광장 앞에서

하고, 오후에는 교수님과 토론을 하거나, 도서관에서 자습을 한다. 휴식시간에는 고요하고 아름다운 정원에서 햇살을 맞으며 독서를 한다. 집중이 안 될 때는 온몸이 땀에 흠뻑 젖어 흘러내릴 때까지 운동을 한다. 중간고사 리포트 기간이나 기말시험 때는 도서관이나 카페에서 집중적으로 공부를 한다. 유학생을 대표하는 우수한 학생이 되기 위해 끊임없이 자신을 단련하고 수행한다. 높은 학점을 유지하고 다양한 활동에 참여하면서 꿈에 그리던 하버드 케네디스쿨에 합격한다….

베이징을 떠나기 전, 홀로 만리장성과 천안문을 여행하면서 생각을 정리해보았다. 그리고 이 여행조차 베이징대생이 되어 누리는 것이라고 상상했다. 창춘행 기차를 타면서 베이징에서 아직 가보지 못한 곳들이 많아 아쉬웠다. 하지만 역으로 해석해보면 이것들이 내가 꼭 베이징에 다시 와야 하는 이유이기도 했다.

베이징대생이 된 상상은 진정 황홀한 일이었다. 그러나 그 황홀감을 실제로 만끽하기 위해서는 자신을 더 엄격히 관리해야 했다.

베이징대생이 된 지금도 가끔 학교캠퍼스를 여유롭게 거닐 때면 흥분에 몸을 떨며 미소를 짓곤 한다. 당시 내가 그토록 간절하게 소망했던 모습들이 그대로 재현되고 있기에….

간절히 염원했던 생각의 연장선에서 드디어 나는 베이징대
생이 되었다.

HSK 11급 합격!

　　　　　매년 4월과 10월에 있는 HSK 시험은
베이징대에 들어가기 위한 필수조건이다. 증명서의 유효기간
은 2년이기에 이 시점에서 증명서도 따고 중국어 실력도 점검
해볼 필요가 있다고 생각했다. 베이징대에 입학하기 위해 2007
년도 4월에 있는 HSK 시험을 신청했다. 교장선생님과의 '조
약'을 달성해야 하는 시간이 한 학기밖에 남지 않아서 별도로
시험을 준비할만한 여유는 없었다. 다만 어문 공부에 시간을
더 많이 할애했다.

HSK 시험은 듣기(听力), 작문(作文), 말하기(口试), 독해(阅读), 종합
(综合)[17]으로 나뉜다. 나는 이 다섯가지 모두를 어문수업에서 활
용할 수 있도록 훈련했다.

선생님께서 하는 말들을 듣기 문제라 여기며 집중해서 듣
고, 키워드들을 받아 적었다. 평상시에 외우는 고문(古文), 고시

★★ 17) 문법(语法), 성어(成语) 등으로 이루어졌다.

(古诗) 외에도, 발표수업을 말하기시험이라고 생각하며, 정확하게 외우고 논리적으로 발표하도록 훈련했다. HSK 시험의 독해 문제는 난이도가 더 높기 때문에 수업 중 독해 문제를 완전하게 이해해서 풀 수 있도록 했다. 평소에 쓰는 사소한 글도 작문이라 여기며, 구체적으로 생각을 정리해 문법도 함께 보강했다.

시험 일주일 전, 수업으로만 시험을 준비하는 것이 마냥 불안해 HSK 모의 문제지를 구입했다. 일주일 동안은 어문숙제를 미루어 놓고 시간을 정해 문제지를 풀면서 유형을 익혔다. 듣기와 말하기시험은 홈페이지의 자료를 참고삼아 연습했고 작문과 독해, 종합시험은 문제지를 통해 훈련했다.

'종합'은 중국어 말하기 실력이 어느 정도 쌓였다면 어감으로 전부 맞출 수 있는 문제들이었다. 하지만 '독해'는 틀린 문제가 많아 선생님께 자문을 구했다. 선생님께서는 "너무 깊은 이해를 하려다보면 오히려 함정에 빠질 수 있으니 지문에서 물어보는 것에만 집중하라"고 조언해주셨다. '작문'은 중국아이들 사이에서도 항상 좋은 점수를 받아서 크게 걱정하지 않았다. 일주일 동안 시험 준비를 하고 나니 작문·독해·종합시험에는 자신이 생겼다. 그러나 마저 훈련하지 못한 듣기와 말하기시험 때문에 긴장을 풀 수 없었다.

마침내 시험 날이 다가왔다.

첫 번째는 듣기시험이었다. 그 시험에는 반전이 있었다. 시험지에는 네 가지의 선택사항만 있고, 지문은 읽어주었다. 문제와 자료를 읽어 주는 속도는 홈페이지에서 듣던 샘플보다 두 배속은 빠른 것 같았다. 집중만이 살길이었다. 키워드를 노트할 시간조차 부족했다. 초반에는 긴장 때문에 따라잡지 못한 문제도 종종 있었다. 다섯 문제 정도를 풀면서 겨우 적응이 되었지만 시험이 끝났을 때는 못내 아쉬웠다. 쉬는 시간에 다른 참가자들도 듣기시험이 매우 어려웠다며 하소연했다. 하지만 아직 치러야 할 다른 과목들이 많이 남아 있었기에 걱정을 떨쳐내고 교실로 들어갔다.

두 번째는 작문시험이었다. '건강한 삶에 대한 자신의 생각을 500자 이상 쓰시오'라는 문제였다. 800자 이상으로 훈련을 했기에 시간은 충분했다. 주제를 정확히 파악하고 설득력 있는 글을 쓰기로 했다. 논설문의 문체(文體)를 선택하고 건강한 삶은 '개인의 육체와 정신, 그리고 사회가 서로 조화로운 상태'라고 정의를 내린 다음 글을 풀어갔다. 초고를 쓰고 원고지에 또박또박 옮겨 적으니 무사히 제시간에 마칠 수 있었다.

다음 시험은 말하기시험이었다. 준비가 약간 미흡해 걱정이 되었으나 다행히 문제는 예상보다 쉬웠다. 말하기시험은 의견발표와 읽기로 구성된다. 의견발표에서는 주어진 주제에 대해 자신의 생각을 자유롭게 표현하고, 읽기는 약 100자의 내용을 정확한 발음으로 읽으면 됐다. 의견발표의 주제는 '놀이'였으며, 읽기자료는 '올림픽 정신'이었다. 준비시간은 약 3분. 10분 동안의 말하기시험이 시작되면 자신이 준비한 내용을 말하고, 주어진 자료를 읽으면 된다. 10분이라는 제한시간과 소개 형식에 주의해야 한다.

즉 "저는 참가번호 ○○○○의 ○○고 ○○○학생입니다" 그리고 의견 발표를 한후, "저는 이제 말하기에서 읽기로 넘어가겠습니다"라는 형식에 주의해야 한다. 나는 거의 완벽하게 말하기시험을 치루었다고 생각했지만 막상 시험을 마치고 보니 시간을 6분만 사용한데다가, 중간에 "저는 이제 말하기에서 읽기로 넘어 가겠습니다"를 그냥 지나쳐버렸다. 걱정이 되었지만 나에게는 다음 시험이 남아 있었다.

곧이어 치러진 독해와 종합시험. 방심을 했는지 독해 문제를 푸는 데 시간이 촉박했다. 문제를 겨우 다 풀었지만 정확한 해석보다 대강 추측한 문제들이 많았다. 종합으로 넘어가면서 기분이 찜찜했다. 종합은 모의시험처럼 난이도가 높지 않아 빠른 시간 내에 끝냈다. 그리고 앞에서 풀었던 독해 문제와 내용을 머릿속으로 생각하며 짬짬이 고치곤 했다. 너무 길게 대답해야 하는 독해 문제는 포기하고 종합 문제의 답변들을 다시 한 번 체크했다.

HSK 시험은 초, 중, 고급으로 나누어진다. 고급은 9급부터 11급까지다. 듣기, 말하기, 독해시험을 잘못 봤다는 생각에 제발 9급만이라도 받게 해달라고 기도했다. 최악의 상황을 대비해 다가오는 10월에 만점에 가까운 점수로 11급을 획득하자고 다짐했다.

성적이 어떻게 나오든 이번 시험은 나에게 큰 의미가 있었다. 11고 중간고사를 앞두고 치른 HSK 시험은 스스로의 공부 상태를 되돌아보는 계기가 되었다. HSK 시험공부와 어문수업은 난이도와 출제분야를 제외하고는 매우 흡사했기에 평소의 어문 공부에 큰 도움이 됐다. 시험에 대해서도 진지하게 생각해볼 수 있었다. 시험을 마치고 플래너에 생각들을 정리해 보았다.

1. 다른 학생들이 약한 파트에서도 강해야 진정한 강자가 된다.
2. 시험은 기술이 필요한 하나의 과목이다.
3. 자만은 모든 '전쟁'의 함정이다.

시험이 끝난 어느 주말, 시험 장소였던 동북사범대에서 전화가 걸려왔다.

"학생, 와서 증명서 찾아가세요."

"아! 저 몇 급인지 알 수 있을까요?"

"학생이 와서 직접 확인하세요!" 퉁명스러운 목소리였다.

"선생님 제발 몇 급인지만 말씀해주세요."

"알았어요. 잠시만 기다려 봐요."

(…)

"11급이네요. 축하해요. 빨리 찾아가세요."

"와우 감사합니다! 선생님, 곧 찾으러 갈게요."

이 기쁜 소식을 부모님, 친구들, 선생님들과 나누고 싶었다. 그러나 이내 '유학생 특수조약'이라는 숙제가 나의 옷깃을 잡아 당겼다. 베이징대에 들어가는 중요한 열쇠 하나를 얻었기에 처음으로 영재들과 경쟁해서 1등을 했을 때보다 기분이 더 좋았다. 하지만 작은 성과에 취해 큰 약속을 저버릴 수 없었다. 나는 다시 고독을 선택했다.

HSK 시험의 성과는 자신감을 더해줬고, 고독은 나를 더 강인하게 만들어주었다. 그렇게 나는 교장 선생님과 맺었던 '조약'에 점점 가까워져갔다.

중국유학 내내 나는 중국어 향상을 위해 최선을 다했다. 그리고 중국어가 언어를 넘어 하나의 문화로써 이해될 수 있도록 노력했다. 나에게 있어 중국어는 중고등학생 시절 중국친구들과 친해지고, 로컬스쿨[18]의 생활에 적응하며 베이징대에 진학하는 첫걸음이었다.

 한국 촌놈, 베이징대 접수하다

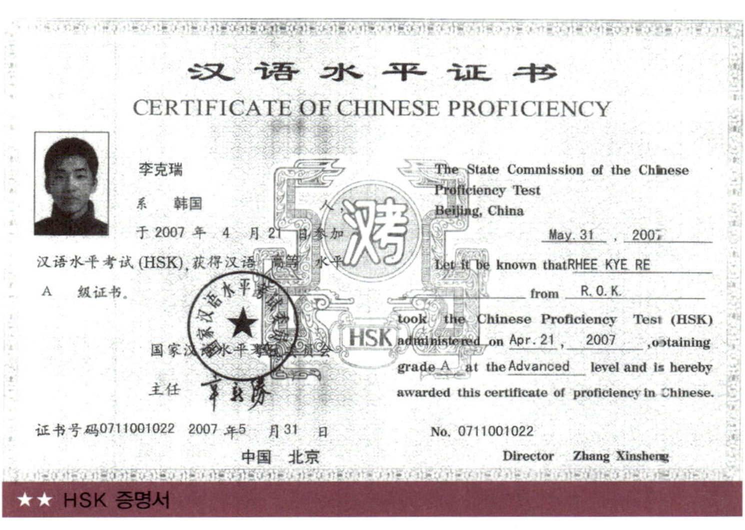

★★ HSK 증명서

입학보다 졸업이 더 어려운 베이징대에서의 생존은 궁극적으로 중국어 실력에 의해 결정된다는 것도 후일 알게 되었다. 외교관이 언어에 능통하고, 배우가 연기를 잘하는 것처럼 베이징대 유학생이 중국어를 잘하는 것은 당연해야 한다고 생각한다. 취업전선에서도 직접적으로 도움이 되는 것 역시 중국어이고, 직업과 연관이 크면 클수록 중국어는 중요하다. 특히 고급중국어를 구사하기 위해서는 중국인들의 문화를 이해할 수

★★ 18) 중국의 초·중·고등학교는 세 분류가 있다. 중국 학생들만 다니는 국제부 미(未)인가 학교, 즉 로컬스쿨. 국제부 허가를 받은 국제부 인가 학교, 그리고 외국 학생만 다니는 국제학교가 있다.

있어야 한다. 취업에 필요 없더라도 언어는 평생 남는 장사다.

나는 그렇게 고대, 현대 중국어를 넘나들며 중국을 조금씩 알아가고 있었다.

플래너에 담긴 공부이야기

"盛年不重来, 一日难再晨; 及时当勉勤, 岁月不待人。"

"젊은 시절은 두 번 거듭 오지 아니하고 하루에 새벽도 두 번 있지 않으니. 젊었을 때에 마땅히 학문에 힘쓰라. 세월은 사람을 기다리지 않으니라."

—중국 동진의 시인 도연명(陶淵明)

약속은 이제 두 달 남짓밖에 안 남았다. 무한하게 느껴지는 시간을 소중히 사용하기 위해 특별한 플래너를 제작했다. 두 달을 일주일 단위로 쪼개, 그 첫 주에 '7days in life'라는 명칭을 달아 A4용지 15장의 묶음을 만든 것이다. 15장의 종이에 한 주를 꼼꼼하게 계획하고 실천에 옮겼다.

〈월요일〉

시간관리법

1. 뚜렷한 목표를 세우고, 단계적으로 계획을 잡기
2. 우선순위에 따라 세부적으로 목표를 세우고 실행하기
3. 일주일 단위로 시간을 관리하기

- 평일에는 주어진 과제에 충실하기
- 취약한 과목은 자신에게 맞는 문제집으로 별도로 공부하기(특수훈련)
- 주말에는 부족했던 휴식과 공부하기
- 하루, 일주일마다 피드백 하기
- 하루, 일주일마다 기운을 북돋아 주는 좋은 말 선물하기

: 일주일 목표(월~토)
 1. 6:00~6:15 기상
 2. 6:15~6:50 아침식사하고 청소하기 (우리 조 당번)
 3. 6:50~7:20 중국어 고문 공부, 영어 단어 외우기

수업을 마치고 창 앞에 선다. 뇌가 팽팽하게 조여오고, 뼈는 곧 으깨질 것 같다. 그러나 충혈된 두 눈에 붉게 물든 하늘이 가득 채운다. 육체는 비록 고단하나 영혼은 충만하다. 빽빽이 채워진 일정 속에 잠시의 여유로 감상하는 노을. 지금 이 순간만큼은 나와 자연이 일체를 이룬다.

<화요일>

오늘의 한 마디

'Today you do things people don't do,

　　　　　tomorrow you do things people can't do.'

평일 시간 관리

가용시간	오전	(아침자습) 20분	피드백	아침은 꼭 챙겨먹기
		(오수시간) 40분		예문 자주 만들면서 새로운 어휘 정확히 사용하기
	오후	(오후자습) 1시간 30분		오후 저녁자습 전 쉬는 시간에는 산책하기
	밤	(야간자습) 2시간 30분		적절한 수면조절로 집중력 관리
		(기숙사) 3시간		내일은 기숙사에 돌아오기 전 과제 다 마치기
실천사항		중국어 (O)		<적벽부> 1단락 외우기
		중국어 (O)		선생님 찾아가서 지난 간주연 시험지 평가 받기
		수 학 (△) 영 어 (O)		숙제: 통계 복습하기 (내가 산 문제지도 같이 풀기) 숙제: Unit16 33문제, 필기정리
		지 리 (O) 영 어 (O)		복습: '중국의 공업' 특수훈련: 영어 독해 (50분)
		정 치 (O) 수 학 (O) 영 어 (△) 중국어 (X)		숙제: '국가제도' 복습 마치기 못한 숙제 마치기 Unit17 단어 외우기 예습: <적벽부> 내일 배울 파트 예습하기
		자투리시간		<적벽부> 1단락 외우기 Unit16 단어 복습하기

욕심이 과했을까? 몸은 더 이상 뇌의 지시를 따르지 않는다. 자꾸만 눈꺼풀은 내려오고 코피가 흐른다. 그러나 현실과 타협하지 않겠다. 내게 주어진 임무를 완성할 때까지 고통과 싸워 이길 것이다.

비행자

날개를 가지고 싶었다.
새가 되기 위해서?

그러나 언제나 땅에 있었다.
이대로 포기할 것인가?
새가 되겠다고 몽상을 하는 나,
희망이 희미해져 포기하겠다고 하는 나.

날개를 갖고 싶다.
기적을 원하는 것이 아니라,

그저 염원에 날개를 달아
구름을 뚫고 태양을 찾아가는 비행자가 되고 싶다.

〈수요일〉

힘든 순간이 지나갔다. 겹친 피로로 힘겨울 거라 생각했는데 짧은 휴식은 윤활유가 되었다. 에너지가 넘친다. 잠들기 전, 케네디의 전기를 읽으면서 '청년은 무엇인가?'를 생각해본다.
"이 세상에는 차별대우가 있고, 노예제, 살해, 기근이 있습니다. 가는 곳마다 재화는 군비를 위해 낭비되고 있고, 한편에는 몇 백만 명이

나 되는 사람들이 가난에 묶여 있습니다. 그 해답은 청년에 대한 기대에 있습니다. 인생은 시간에 있는 것이 아니라 마음가짐의 방식에, 강한 의지력에, 풍부한 상상력에, 겁에 대한 용기의 우월함에, 안이한 애정에 대한 모험심의 우월성에 기대하는 데 그 답이 있습니다."

-에드워드 케네디의 추도연설 중에서

청년이란, 끊임없이 완성을 추구해가는 과정이다. 열정으로 수많은 ',(쉼표)'로부터 문장의 '.(마침표)'를 찍는 시기다. 지칠 줄 모르는 패기로 또 다른 문장을 창조하고, 새로운 문단을 시작하는 젊음이다.

〈목요일〉

성적관리 그래프(특수훈련: 영어 독해 문제)

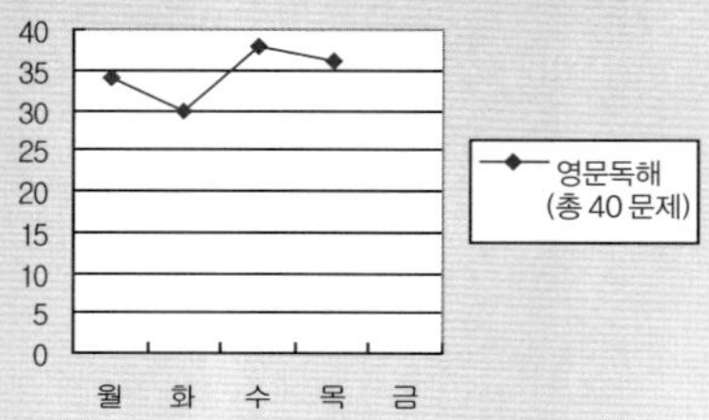

고통의 시간이 지나갔다. 이제 힘들지는 않다. 그러나 열정이 식어가는 듯하다. 일상의 권태가 밀려온다. 시간만이 대답해줄 수 있는 것이 있다. 그러나 현실의 안일함에 얽매어 아무것도 하지 않는 자는 평생 자신의 나태함을 한탄할 것이다.

〈금요일〉

삶에 진지하게 임할 때 자연만큼 경이롭고 아름다운 것은 없다. 영혼을 적시는 빗소리, 창문을 장식하는 빗방울, 해야 할 공부가 많다고 그냥 흘려보내기에는 너무도 깊은 상념을 준다. 빗소리를 들으면 헨리 워즈워스 롱펠로의 '비 오는 날에'19)를 음미한다.

비 오는 날에

춥다, 어둡다, 답답하다.
비가 내린다. 바람은 멈추려하지 않는다.
덩굴나무는 허물어져 가는 담벼락을 타고,

미친 바람이 쉼 없이 불 때마다,
마른 잎들은 이리저리 떨어져 나뒹군다.

하늘은 정말 어둡고 답답하다.
나의 생각은 지나간 과거에 얽매어 있다.
거대한 바람 속에
내 청춘의 마지막 희망의 불꽃마저 꺼져버렸다.
하늘은 정말 어둡고 답답하다.

★★ 19) 중국 잡지 〈두저(读者)〉에 수록된 미국시인 롱펠로의 중문판 'The rainy day'를 번역함.

침묵하여라. 다친 영혼이여.

더 이상 후회하거나 원망하지 말지어다.

어두운 구름 뒤에는

여전히 밝게 온 세상을 비추는 태양이 있다.

너의 운명은 모든 사람과 같아,

인생에서 꼭 맞이해야 할 어두운 날을 만난 것이다.

가끔씩의 어둠과 답답함은 우리의 필연이다.

인생이 날마다 달콤한 것만은 아닐 것이다. 하지만 비가 온 뒤에는 무지개가 있고, 어두운 구름 위에는 여전히 태양이 있다는 사실을 기억한다면 삶은 음미할만한 한 잔의 커피 같은 것이 아닐까?

〈토요일〉

'청년 시기는 짧은 꿈과도 같다. 깨어나면 흔적도 없이
사라지고 말거늘…' ─윌리엄 셰익스피어

아름다움과 꿈을 이루려 한다면 반드시 고통의 과정을 거쳐야만 한다. 사랑과 달콤함은 언제나 즐길 수 있지만, 지식과 철학 그리고 지혜를 마음껏 누릴 수 있는 때는 우리의 청년 시기뿐일 것이다.

가용시간			피드백	
가용시간	토	오후 4시간	피드백	농구: 드리블 연습하기, 음식: 다음주 만두 시도
	토	밤 5시간		다음 주까지 《노인과 바다》 읽고 독후감쓰기 다음 주 특수훈련 수학 함수 (20문제/일) 다음 주 추천영화 〈죽은 시인의 사회〉
	일	오전 3시간		다음주 주말을 독서실에서 보내기
	일	오후 6시간		
	일	밤 2시간		빨래는 토요일 휴식시간 할애하기
실천사항		자유시간 (O)		3０반과 농구시합 친구들과 목욕하고, 외식하기
		자율학습 (O)		〈노인과 바다〉읽기 P73~P115 〈교실 밖의 수학여행〉 통계부분 읽기 특수훈련: 영어 독해 (최종점검) 영화 〈행복을 찾아서〉감상하기
		중국어 (O) 수학 (△)		예습: 〈등옥각서〉 낭독하기 숙제: '도함수' 문제풀기 P81-P91
		수학 (O) 지리 (O) 정치, 역사 (O)		숙제 마치기 숙제: 제1단원 문제지 풀기 복습: 교과서 정독하기 (필기참고)
		중국어 (O)		예습: 〈등옥각서〉 문장핵심 발췌하기
		자투리시간		〈환치요(环球)〉읽기

〈일요일〉

알찼던 일주일이 끝나간다. 하지만 마음속에서 터져버릴 것만 같은 젊음의 감성과 의지를 조율해줄 만한 무언가가 빠져있음을 느낀다. 나의 항해를 인도해줄 플래너의 새로운 제목이 필요했다. 백두산에

청년과 바다

"인간은 파괴될 수 있지만, 패배할 수 없다."

– 《노인과 바다》 중에서

한 청년에게는 젊음의 패기와 열정, 용기와 사랑, 꿈과 같은 '의지'와 '감성'이 있다. 그러나 이 의지와 감성만으로 약속을 지키기에는 역부족이었다. 무언가가 감성과의 균형을 이루어 의지를 이끌어내야 했다. 그것은 다름 아닌 '이성'이었다. 문득 최근에 읽은 《노인과 바다》가 생각났다.

이 책의 저자 헤밍웨이는 노인의 지혜와 인내력을 인상적으로 묘사했다. 하지만 만약 이 책에서 바다가 존재하지 않았다면 불가능했을 것이다. 나는 변하지 않는 이 바다에 의존한다면 변하기 쉬운 감성이 재해석될 수 있다고 생각했다.

나는 강인한 의지로 바다와 같이 변하지 않는 진리를 추구하기로 했다. 바다는 이성을 상징하기에 충분했다. 그렇게 새로운 일주일을 시작할 플래너의 제목이 탄생되었다. '청년과 바다', 이 얼마나 아름다운 감성과 이성의 조화인가!

'청년과 바다'의 정신으로 '조약'을 실현시킬 그날까지 의지를 관철시키기 위해 더 많은 A4용지로 플래너를 만들었다. 표지를 넘기고, 머리글을 작성하였다.

나와 내 자신과의 약속, 나와 부모님과의 약속, 나와 교장선생님과의 약속 시간이 다가온다. 내 안에는 그 어떤 어려움도 극복하고 새 역사를 창조할 열정과 패기 그리고 능력이 들어 있다. 하지만 현실은 어둠 속 잔잔한 바다와도 같다. 이 무한한 바다에 무슨 일이 일어날지 모르고 있다.

닻을 올려라, 그리고 전진하여라! 고독이 저 태양의 환희를 즐기는 지혜라면 고독하여라, 침묵이 저 폭풍우를 이겨내는 의지라면 침묵 하여라! 폭풍우가 너의 선함(船艦)을 부수고, 너의 육체를 집어삼킬 때 후회 없이 너의 침묵을 폭파시켜라!

바다는 내가 없어도 언제나 바다다. 나는 바다가 있기에 항해자가 되었다. 감성을 온전히 바다에 맡겨라. 외로움을 코르는 언제나 고요한 저 바다처럼 고독하고 침묵하여라. 그리고 의지로 진리를 추구하여라. 하지만 그전에 각 과목의 개념들을 바로 알자.

나는 나와 부모님, 교장선생님과의 약속을 지키기 위해서는 한결같은 침착함으로 개념을 정리하고 논리를 확립해야 한다. 바다에 나를 온전히 맡겨야 한다.

닻을 올려라, 그리고 전진 하여라!

나로부터 시작하는 절대성찰

"乘天地之正, 而御六气之辨, 以游无穷者。"

"세상의 변화가 '육기(六氣)' 변화라는 우주의 법칙을 알게 되어 어느 곳이든 갈 수 있는데 그 어떤 것에 의지할 필요가 있겠는가?"

—전국시대 도가사상의 대표자 장자(庄子)

2007년 5월 27일 7시 정각에 나의 절대성찰은 시작되었다. 내 자신이 할 수 있는 일, 그리고 내게 주어진 명분은 무엇일까? 장자는 이를 포기하고 '육기'에 따라 변화하는 우주의 법칙에 스스로를 맡기라고 했다.

어떤 것도 하지 않고, 어떤 것에도 의존하지 않고, 어느 곳이든 갈 수 있다는 장자의 절대자유주의. 과연 내 생각은 이만큼 자유로울 수 있을까? 다른 건 몰라도 나는 아무 것도 하지 않는 존재는 아니다. 나는 생각하고 있다. 그리고 이 '생각'을 나의 경험과 지식을 뿌리칠 수 없다. 아무리 어떤 것에도 의존하지 않고 생각하려 해도, 글을 쓰는 지금 이 순간 나는 어떤 이유 때문에 존재한다.

나는 어떤 것도 하지 않고, 어떤 것에도 의존하지 않는 존재가 아니다. 내가 논리적인 사고를 하는 존재라면 '절대'에 대해 정의를 내릴 수 있지 않을까? 우선 무한한 우주가 떠오른다. 그리고 '무(無)'라는 글자가 머릿속을 꽉 채운다. 하지만 이 역시 우주는 무한하다는 믿음을 근거로 한 추론이지, 절대적인 논리와 증명이 아니다. 유일하게 절대적인 것은 나의 사고가 '절대'를 명료하게 이해하기에는 매우 한계적이라는 사실이다.

짧고도 긴 침묵의 시간이 흘렀다. 하지만 '절대'에 대해 답을 찾지 못했다. 우선 상대적으로 한계에 봉착한 '나'라는 개체로부

★★ 한 학기를 시작하기 전 나는 무조건 플래너 한 권을 준비해둔다.

터 시작해 세계를 더욱 폭넓게 알아가자고 다짐한다. 지금 세계가 나에게 한 가지 절대적인 명제를 규정할 권리를 주었다고 가정하자. 이 권리로 나는 무엇을 규정할 것인가? 그래, '신념(마음으로 현실에 충실하는 태도)'을 정의하자.

지금부터 내 사고가 한계적이라는 사실과 함께 절대적인 것은 '신념'에 관한 명제이다. 현재로서는 오로지 내 생각이 자유로울 수 없고, '절대'에 대한 결론도 이끌어낼 수 없다. 하지만 '현실에 충실 하는 태도', 이 하나로 내 자신을 발전시켜나가자.

내게 있어 현실이란 마음껏 학습할 수 있는 청년시기이며, 끊임없이 발전하고 있는 중국을 말한다. 현재 내 존재의 의미는 '마음껏 공부할 수 있는 이 청년시기에, 끊임없이 발전하고 있는 중국을 배워야 한다'는 것이다.

'절대'의 개념을 정의하고 '청년과 바다'를 조화롭게 이루려 했던 성찰이 끝났다. '청년과 바다', '감성과 이성의 조화'란 나의 미흡함을 깨우치고 이성으로 진리에 다가가는 것이다. 결국 나의 열정과 패기로 모든 것을 시작해야 했다. 나는 그렇게 약속과 점점 가까워져가며 홀로서는 법을 배우고 있었다.

스케줄뿐만 아니라 보고, 듣고, 맡고, 먹고, 느꼈던 것들을 기록하는 습관. 현재의 신분에 맞게 내게 가장 중요한 임무를 성찰해보는 일. 그리고 그 목표를 지키기 위해 나를 지탱하고 인도해줄 수 있는 정신. 나는 이런 것들을 플래너에 적어가며 스스로를 관리했다.

이 '플래너 학습법'은 유학을 결심했던 중학교 2학년부터 사용했다. 처음에는 무척 어렵고 불편했다. 하지만 지금은 이것이 없으면 생활이 어려울 정도로 내 인생에 필수품이 되어버렸다.

이것이 내가 학원에 다니지 않고 철저히 홀로 공부하며 중국아이들과 경쟁하며, HSK 11급을 획득하고 베이징대와 칭화대에 들어갈 수 있는 가장 큰 무기였다고 생각한다. 그래서 나는 한 학기를 시작하기 전 무조건 플래너부터 준비해둔다.

천국에서의 한 학기

6월이 되자 날씨는 점점 더 뜨거워졌다. 그 무렵 나는 빨래를 너는 베란다가 '천국'임을 발견했다. 저녁자습을 마치면 바로 기숙사의 베란다로 나갔다. 푹신한 겨울용 담요를 바닥에 깔고, 접이식 책상을 가져가 공부했다.

내가 베란다를 천국이라 부르는 데에는 이유가 있었다. 여름 더위 속에 간간히 불어오는 서늘한 바람의 조화가 공부하는 데 최상의 환경을 제공했기 때문이었다.

남은 두 달 동안에는 하루에 2시간만(똥간 스터디, '와심상담' 이후로는 특별한 경우를 제외하고 5시간씩 수면을 취했다.) 잤다. 새벽 3시부터 하루를 시작하시는 할아버지, 편찮으신 몸을 이끌고도 흙냄새가 좋다며 밭에 나가시는 외할머니, 묵묵히 나를 지켜주는 아버지, 나 하나만 바라보며 절대적인 사랑을 베풀어주는 어머니, 순수하고 귀여운 아야또와 레미를 생각했다. 거기에 베이징대생이 된 나의 모습을 가끔씩 상상하며 외로움과 고통을 이겨냈다.

그러나 간신히 잠을 쫓으며 공부하다가도 새벽 3시가 되면

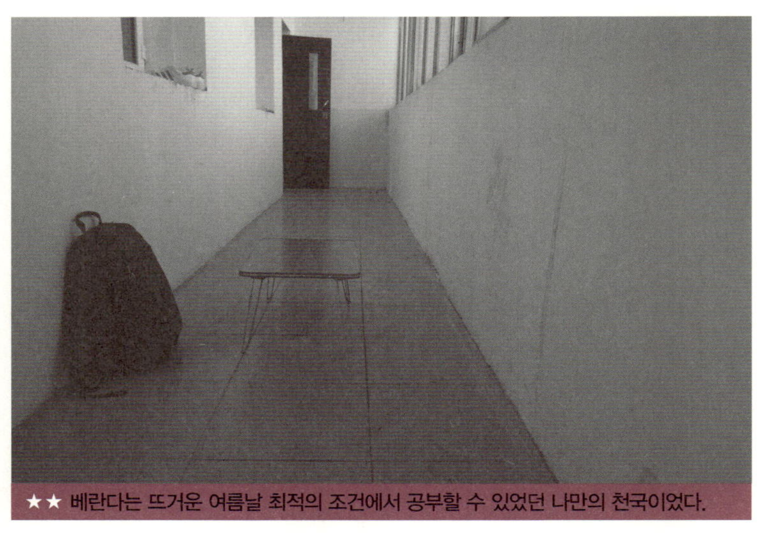

★★ 베란다는 뜨거운 여름날 최적의 조건에서 공부할 수 있었던 나만의 천국이었다.

뇌가 더 이상 지식을 받아들이는 것을 거부했고, 내 의지와는 무관하게 잠들어버리곤 했다. 그리고 새벽 추위가 다시 나를 깨울 때면 안절부절 어찌할 줄 모르며 한 더미 책을 안고 교실로 달려갔다.

아침식사는 그 시절 내 사전에는 존재하지 않았고, 점심에는 친구 리우창(刘倡)이 싸다 주는 밥을 먹었다. 저녁은 일부러 먹지 않았고, 저녁자습을 마치고 돌아와 늦게서야 나만의 '천국 스페셜(컵라면+빵+커피)'을 먹었다.

영화 〈식객〉을 본 사람이라면 알 것이다. 최고의 맛은 배고픔에 있다는 것을. 토요일에만 여유롭게 사우나를 즐기고, 부족했던 영양을 보충했다. 일요일에는 평일과 다름없이 생활했다.

초 단위로 숨 쉴 틈 없이 가쁘게 살았지만 행복했다. 아침에 일어나면 미치도록 노력하여 실현해야 할 온갖 목표들이 산적해 있었고, 잠자는 순간까지도 그것들과 함께 있었다. 감성과 이성의 조화로 그 목표를 관리할 수 있었다.

달성해야 할 목표가 내 자신뿐만 아니라 내가 사랑하는 사람들을 위해서라면 삶 그 자체가 천국임을 고백하지 않을 수 없다.

정성소지, 금석위개

"정성소지, 금석위개(精诚所至, 金石为开)."
"지극히 정성을 다하면 바위도 깨트릴 수 있다."

하루만 지나면 약속을 지킬 수 있는 마지막 기회가 온다. 2학년 2학기 기말고사에서 무조건 전교 10등 안에 들어가야만 '유학생 특수조약'을 지킬 수 있다. 그런 기말고사를 앞두고 우리 반의 히틀러 주(朱) 선생님께서는 우리에게 사전교육을 시작했다. 이번 기말고사가 영재반에서 계속 공부할 수 있는지의 여부를 결정짓는 중요한 시험임을 거듭 강조하는 메시지였다.

여름날의 오후 6시는 아직 환했다. 그런데 갑자기 온 세상이 암흑으로 변했다. 세상이 무대라면 곧이어 장엄한 연극이 펼쳐질 것 같은 엄숙한 분위기였다. 선생님께서도 갑작스런 날

씨변화에 놀라셨는지 잠시 말씀을 멈추셨다가 다시 입을 떼
셨다.

"이런 어둠 속에서도 겨레는 6반의 등불 이예요. 이번 학기,
여러분도 겨레처럼만 열심히 했다면 모두 전교 1등을 노려볼
수 있어요. 자 그럼, 행운을 빌어요."

하늘이 나보다 먼저 눈물을 흘렸다. 내 눈물은 멈추지 않고
주룩주룩 흘러 내렸다. 그 외롭고 고독했던 두 달의 분투를 선
생님께서는 지켜보고 계셨던 것이다. 아이들도 교실을 나가면
서 나의 어깨를 툭 쳐주며 그 동안 묵묵히 지켜온 내 진행형의
삶을 인정해줬다.

나는 우리 반 층 중간에 있는 일반인 키의 2배정도가 되는
유리 창문 앞으로 다가가 오랫동안 유리 속에 비춰지는 내 자
신을 바라보았다. 밖에는 계속 비가 내렸고, 빗소리는 갑자기
베토벤의 〈템페스트〉가 되었다. 부족한 수면 때문에 시험 문제
를 풀면서 손이 마비되었던 순간들, 뜬금없이 코피가 흐르던
순간들, 매주 토요일마다 온탕에 여유롭게 몸을 담그던 순간
들, 천국에서 공부할 수 있었던 시간들, 그리고 힘들었지만 행
복했던 순간들이 파노라마가 되어 스쳐 지나갔다.

잠시 후 빗물은 쇼팽의 '빗방울 전주곡'으로 변하더니 다시
잔잔하고 평화롭게 흘러내렸다. 그리고 그 빗소리는 결국 나

의 울음소리에 잠겼다. 더 이상 지겨운 가난과 고통에 서러워하는 눈물이 아니었다. 내 자신을 이겨낸, 스스로를 위한 숭고한 멜로디였다.

그리고 드디어 내 노력에 대한 검증의 시간이 다가왔다.

첫날은 가장 약한 과목인 어문과 지리시험이었기 때문에 전날을 통째로 이 두 과목에 투자했다. 친구들과 선생님은 시험 기간에는 꼭 충분한 수면을 취하라고 조언해주셨지만 불안한 마음에 평소처럼 2시간만 잤다. 둘째 날 시험은 수학과 역사 과목이었는데 시험을 보는 내내 머리가 아팠다. 하지만 '조약' 하나만을 생각하며 문제를 풀어나갔다.

마지막 날에는 내가 가장 자신 있는 영어와 정치시험이어서 여유롭게 마칠 수 있었다. 짧지만 너무나도 길게 느껴졌던 항해가 끝난 것이다. 이렇게 나에게 주어진 마지막 기회도 지나갔다. 이제 남은 건 성적발표가 나오기만을 기다리는 것이었다.

7월 12일, 드디어 운명의 날. 수업은 없었지만, 여느 때처럼 아침 일찍 아이들은 제자리에 앉아 있었다. 잠시 후 반장이 A4 용지에 인쇄된 성적표를 들고 교실 안으로 들어왔다.

전교 1등, 까오버[20] 총점 607점 (660점 만점)

2등, 리리 605점

3등, 쩌우펑양 597점

4등, 양뤠이 593점

…

8등, 녠허퉁 584점

9등, 쑨취칭 578점

9등까지 불렀는데도 내 이름은 들리지 않았다. 제발 10등에 내 이름이 있기만을 간절히 기도했지만 10등조차도 다른 친구의 차지였다. 절망감이 밀려왔다.

"아, 나는 끝났구나. 약속을 지키지 못했어. 한 장의 종잇조각에 새긴 약속을 지키기 위해 2년 동안 쉴 새 없이 달려 왔는데 승리의 여신은 끝내 나를 외면하고 마는구나."

이틀 전 창문 앞에서 낭만을 즐겼던 내 자신이 원망스럽고 창피했다. 시험을 보고 나면 안정된 심리상태를 유지하기 위해 항상 최악의 상황까지도 설정하곤 했는데, 그날도 10등 안에 내 이름이 없자 습관처럼 30등 정도에 내가 있을 거라고 짐작했다.

그런데 갑자기 선생님의 목소리가 들렸다.

"공동 13등 쏭즈페이(宋紫菲), **리커뤠이**(李克瑞)."

★★ 20) 우리 반 반장이자, 내 짝꿍

순간 눈이 휘둥그레졌다. 친구들도 놀람을 감추지 못했다. 중국 고문(古文)시험에서 1등을 했을 때처럼 모든 아이들의 눈이 나에게로 향했다. 설명할 수 없는 감동이 내 마음속에서 파도쳤다. 울어야 할지, 웃어야 할지 주체할 수 없었다. 유학생 특수조약을 완전하게 지키지는 못했지만, 전교 13등이면 중국아이들과 경쟁해 베이징대를 노려볼만하기 때문이었다. 어느새 내 마음은 희망으로 부풀었다.

'유학생 특수조약'이라는 약속을 통해 나는 상상할 수 없을 정도로 성적을 향상시켰다. 기회를 주신 교장선생님께 감사의 말씀을 드리고 싶었다. 한달음에 교장실로 달려가 문을 두드렸지만 대답이 없었다. 유학생 담당 선생님을 찾아가니 그분께서는 내가 왜 왔는지 아는 눈치였다.

"겨레군, 이렇게 11고를 감동시켜도 돼? 교장선생님께서 어제 이미 네 성적을 확인했어. 전교 10등 안에는 못 들어갔지만 학비의 절반을 면제해 주시겠대. 계속 지금처럼만 노력하라는 메시지를 남기시고 오늘 아침에 출장을 가셨어. 전교 13등, 대단한데! 정말 베이징대를 노려볼 만해."

"감사합니다. 선생님!"

교무실을 나오면서 펄쩍펄쩍 뛰고 싶었지만 습관적으로 침착함을 유지했다. 그리고 이틀 전에 갔던 창가에 서서 다시금 생각에 잠겼다.

'정성소지, 금석위개(精诚所至, 金石为开)' 혹자는 이 성어가 현실에서는 보편성이 없다고들 한다. 그러나 적어도 나에게는 절대법칙이자 2년의 노력에 대한 하늘의 응답이었다. 그리고 교장 선생님께서 학비면제의 결정을 내리시면서 내게 심어주려고 했던 믿음이 아닐까 생각해 본다.

사실 이 책이 종잇조각 한 장으로만 연관된 중국 스토리라면 나는 여기서 글을 멈춰야 한다. 그러나 이 종이 한 장은 '도전이란, 소중한 약속을 선택하는 판단과 용기이자 그 약속을 지켜나가는 과정'이라는 것을 깨닫게 해주었다.

도전은 한 단어로 약속이며, 한 마디로는 약속을 지키기 위한 노력이다. '유학생 특수조약'은 이제 실질적인 의미가 없어지게 되었지만, 이미 내 젊음 안에서 도전의 상징이 되어버렸다. 나의 젊음 그리고 도전은 아직 끝나지 않았기에 나의 글 또한 이렇게 멈출 수 없다.

02
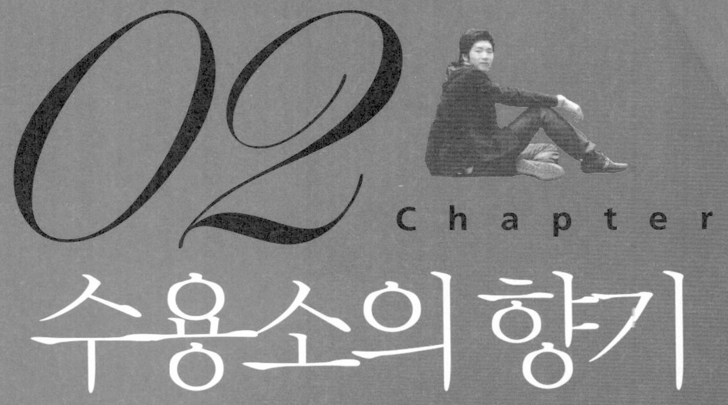

Chapter

수용소의 향기

기숙사로 돌아가는 날, '수용소'는 그야말로 가관이었다. 소변이 담긴 1.5L짜리 페트병 6개가 가지런히 놓여 있었고, 그 중간에는 흐트러진 머리와 지저분하게 수염을 기른 한 마리 '야수'가 서있었다. 영화 〈에비에이터(The Aviator)〉에서의 한 장면 같았구.

PEKING UNIVERSITY

수용소에서의 한 학기

"Cogito, ergo sum."
"나는 생각한다, 고로 존재한다."
−르네 데카르트(René Descartes)

데카르트의 저주

천국에서의 삶은 영혼을 기쁘거 했지만 이미 내 육신은 지칠 대로 지쳐있었다. 여름방학은 고향으로 돌아간 친구의 월세방에서 보냈다. 일주일 동안은 독서를 하며 휴식을 취하기로 했다. 서양철학을 시대별로 쉽거 풀어 놓은 《철학 산책》이 그 첫 대상이었다. 근대까지 읽어 내려가니 데카르트를 만날 수 있었다. 책에서 만난 그는 마치 첫눈에 반한 여자아이처럼 설레고 친근하게 느껴졌다.

수학수업에서는 데카르트가 해석기하학을 창시한 프랑스

수학자라고 배웠었다. '고기토, 에르고 숨(Cogito, ergo sum).' 참으로 철학적인 마음이다. 중국에서 단일화된 '마르크스주의 철학'만을 배워왔던 나에게는 매우 신선한 명제였다. 게다가 신의 존재를 수학으로 증명하겠다는 발상은 충격적이면서도 매혹적이었다.

'만약 그 수학적 방법이 그가 창시한 해석기하학이라면 거기에 막 재미를 붙인 내가 도전해볼 만하지 않은가!'

그 후 데카르트의 매력에 푹 빠져 《성찰》이라는 책까지 읽게 되었다. 나는 또 한번 놀랐다. 장자의 절대사상을 빌려 '나로부터 시작하는 절대성찰'을 썼던 나의 시도와 너무나도 흡사했기 때문이다. 소름이 돋았다. 그의 영혼의 일부가 내 안에 살고 있는 것 같았다. 망설임 없이 책을 사서 서둘러 집에 돌아와 독서에 몰입했다.

《성찰》은 총 6가지 '성찰'로 구성되어 있다. 데카르트는 성찰을 통해 '신은 우리 진리의 원천이며, 우리를 속이지 않는 자, 기만하지 않는 자'라는 결론에 도달했다. 나는 '우리가 알고 있는 지식, 특히 경험에 의한 감각적 지식에 대한 의심가능성'을 논한 '제1의 성찰'에서부터 혼란에 빠져들기 시작했다. 한결같은 침착함으로 그의 엄밀한 사고를 따라가지 못하고 방법적 회의론을 내 자신에게까지 적용시키는 오류를 범한 것이다.

자신에 대한 의심으로 비롯된 오해는 나를 '인간은 궁극적으로 어느 정도까지 자유로운 의지를 가지고 있는가?'하는 프로이드의 의문에까지 이르게 만들었다. 결국 '제1의 성찰'조차도 제대로 소화하지 못한 채 정신을 잃고 말았다. 기절한 것 같기도 하고 잠시 잠이 든 것 같기도 했다. 입 주변에는 거품처럼 침이 하얗게 묻어있었다. 한 순간에 겪은 스탕달 신드롬[21]이었다.

내가 사랑하게 된 철학자가 나에게 저주를 걸었다.

잃어버린 나를 찾아서

중국의 대문호 루쉰(魯迅) 선생은 "가장 아름다운 것을 가차 없이 파괴하면서 비극은 탄생 한다"고 했다. 데카르트는 가장 아름다운 감성과 이성의 조화인 '청년

★★ 21) 프랑스 작가 스탕달이 1817년 이탈리아 피렌체에 있는 산타크로체성당에서 레니의 '베아트리체 첸치' 작품을 감상하고 나오던 중 무릎에 힘이 빠지면서 황홀경을 경험했다는 사실을 자신의 일기에 적어 놓은 데서 유래한다. 역사적으로 유명한 미술품을 감상한 사람들 가운데는 순간적으로 가슴이 뛰거나 정신적 일체감, 격렬한 흥분이나 감흥, 우울증, 현기증, 위경련, 전신마비 등 각종 분열 증세를 느끼는 경우가 있다. 이러한 현상이 스탕달 신드롬으로, 이 현상을 처음으로 기록한 스탕달의 이름을 따서 심리학자들이 명칭을 붙인 것이다.

과 바다'의 균형을 깨트렸다. 그는 나의 이성을 극도로 끌어올려 감성과의 균형을 깼다. 그리고는 결국 그의 사상을 이해도 하지 못하게 만든 채 나를 내팽개쳤다. 내 의지는 의존할 곳이 없었다.

데카르트가 준 영향은 생각보다 심각했다. 마르크스주의를 철학적 기초로 한 체계적인 계획과 생각들이 동요하기 시작했고, 그것을 주재하는 내 자신조차 흔들리기 시작했다. 계획대로라면 벌써 3학년 예습을 시작해야 했지만, 모든 것이 혼란스러웠기에 잃어버린 나를 찾아 긴 여정을 떠났다.

우선 데카르트와는 어떻게든 타협을 이루어내야 했다. '자신이 생각하고 있는 모든 것들을 의심해도 그것을 의심하고 있는 자신은 의심하지 않는다'는 그의 방법적 회의론을 인정했다. 이 방법론의 논리·의미 등과 더불어 대학에서 서양철학을 공부한 뒤《성찰》을 한층 더 깊게 이해하기로 했다.

데카르트는 "유년 시절 나는 기존에 알고 있던 모든 거짓된 것을 전복시키고 최초의 토대에서부터 다시 시작해야 한다는 것을 깨달았다. 그러나 이 일이 보통 일이 아니라고 생각했기 때문에, 적절하게 실행할 수 있는 나이가 되기를 기다렸다"고 고백한바 있다. 나는 지난 학기에 읽었던 책들과 함께 데카르트도 빈 사물함에 넣어 잠가두었다. 그리고는 현실과도 일정한 타협을 이루어냈다. 여전히 마르크스주의를 사고와 계획의 이론적 근거로 삼았다.

《철학 산책》을 통해 접하게 된 새로운 철학들은 내가 정확히 이해할 수 있는 것만 골라 공부에 적용시켰다. 중국에서의 '수능'이란 교육부에서 이미 정해진 지식과 방법들을 학생들에게 주입하는 과정이다. 요구한 지식을 빠짐없이 터득하고 능숙하게 응용할 수 있는 사람이 좋은 점수를 얻을 수 있다. 나는 성실히 수능을 준비하며 생각의 자유를 누릴 그날을 기대했다.

생각이 정리되자 마음의 안정도 찾아왔다. 그 토대 위에서 각 과목을 이해하고 계획을 세웠다. 한층 넓어진 사고로 총체적 뼈대를 만들자 비로소 잃어버린 나를 찾을 수 있었다. 그렇게 데카르트의 저주는 풀렸다. 아니 타협을 통해 잠시 봉인되었다. 세계 어디든 마찬가지지만 대부분의 고등학교는 학생을 진정한 사상적 자유인으로 성장시키는 것보다 대학에 보내는 것을 주요목표로 한다. 피터 위어 감독의 영화 〈죽은 시인의 사회〉에서는 이런 현실을 잘 반영해준다.

'데카르트의 저주' 없이 '청년과 바다(플래너 학습법)'의 완벽한 조화를 고3까지 유지하면서 학교공부에만 전념했다면 나는 천국에서 안락하게 공부만 할 수 있었을 것이다. 그러나 '베이징대 입학'이라는 또 하나의 약속이 있었기에 '데카르트의 저주'는 한편으론 축복이었다. 정해준 지식과 방법만을 축적하는 기계적인 학생이 아닌 스스로 문제를 생각하고 결론을 이끌어내는 'Free Thinker'가 되는 시도를 하면서 베이징대가 요구하는 '겸용병보(兼容幷包), 사상자유(思想自由)'를 위한 내적 준비가 갖춰진 학생이 되었기 때문이다.

　사랑과 꿈이 있었기에 이성과 감성의 조화를 유지하는 타협을 성공적으로 이루었다. 나는 파르테논신전 아래서 에게해를 바라보며 신과 가까워지려고 노력하는 청년이다.

기숙사의 범죄자

　　　　　　　잃어버린 나를 찾게 되면서 공부는 탄력을 받았고, 출발은 순조로웠다. 하지만 고3 방대한 공부량은 차원이 달랐다. 문과 영재반에서는 고2까지 고등학교에서 배워야할 모든 내용을 전부 마쳤다. 그리고 3학년에는 그동안 배웠던 모든 내용을 복습하는 시간이었다. 한시라도 집중하지 않으면 학습의 맥이 끊기거나 뒤처지게 됐다. 수업에 120%를 집중해야 함은 물론, 2시간이라도 잠을 잔다손 치면 한두 과목의 숙제는 하지 못할 정도였다. 재수생들이 들어오면서 경쟁은 더 치열해졌고, 전교 13등이란 전설도 금세 잊혀졌다.
　우리 학교는 기숙사생들에게 매우 엄격했다. 그중 하나가 철저한 시간규정이었다. 저녁자습이 끝나면 기숙사생들은 모두 기숙사로 돌아가야 했고, 사감이 각 방의 명단을 체크하고 나면 대문은 어김없이 잠겼다. 만약 제시간에 기숙사르 돌아가지 않으면, 두 가지 경우를 제외하고는 모두 규정위반으로 걸리게 된다. 외출을 하려면 '담임 쪽지[22]'라는 외출 허가증을 받거나, 담당자께 직접 사유를 말씀 드려 확인을 받아야만 가능했다. 학교규정을 위반하면 우선 소속된 반이 '일주일 평가'에서 감점을 당하고, 심각할 경우에는 월요일 조례시간에 경고[23]까지 받는다.

겨울이 가까워지면서 더 이상 베란다를 '나만의 천국'으로 사용할 수 없었다. 하는 수 없이 방안에서 공부를 해야 했다. 하지만 새벽 두세 시가 되면 의지와는 무관하게 잠이 들어버릴 때가 많았다. 다시 '똥간 스터디를 시작해야 하나?'고민하던 중 갑자기 아이디어가 떠올랐다. 저녁자습이 끝나면 기숙사로 돌아가지 않고 교실에 남아 계속 공부하는 것이었다.

"야, 오늘 '담임 쪽지' 좀 쓰면 안 돼?" 반장인 까오버(高博)에게 물었다.

★★ 22) 담임 선생님의 도장이 찍힌 외출허가증. 반장이 '담임 쪽지' 를 관리했다.
★★ 23) 경고를 2번 받으면 정학, 3번 받으면 퇴학이다.

“뭐하게?”

“나 오늘 기숙사에 안 들어가고 교실에서 밤새려고.”

“너 걸리면 큰일 나!”

“나 요즘 수업진도를 못 따라가서…, 부탁이다!”

“알았어, 근데 딱 오늘 하루만이다.”

수업을 마치고 간식, 스탠드, 찬물에 적신 수건 등 필요하다 싶은 모든 물건들을 준비했다. 저녁자습이 끝나자 학생들이 모두 교실을 떠났다. 나는 교실 문을 잠그고, 불을 끈 다음 한쪽 구석에 몸을 숨겼다. 어김없이 ‘딱, 딱, 딱…’ 멀리서 들려오는 아저씨의 발소리에 숨소리까지 삼켰다. 다행히 아저씨는 그냥 지나쳤고, 발소리도 희미해졌다. 아저씨가 복도 불을 끄고 완전히 떠나실 때까지 뒷문으로 지켜보았다. 불을 켜지 않고 머릿속으로 오늘 해야 할 숙제와 예습을 생각했다.

잠시 후 스탠드를 켜고 공부를 시작했다. 들킬 것 같은 긴장감 때문인지 잠도 오지 않았고, ‘똥간 스터디’ 때처럼 냄새도 나지 않아 쾌적한 환경에서 공부할 수 있었다. 시간도 모른 채 숙제와 예습, 복습을 마칠 때면 느지막이 해가 뜨는 겨울 하늘도 어느 샌가 밝아져 있었다.

꼬박 날을 새서 수업 중에는 무척 피곤했지만, 철저히 예습한 내용들을 공부한다는 즐거움에 흥분되어 수업에 열중할 수 있었다. 그러다가도 오후 간주연 시간이 되면 하염없이 쏟아지는 졸음을 견딜 수 없었다. 한 겨울인데도 차디찬 물수건을 목에 둘러야만 겨우 잠을 쫓을 수 있었다. 밤새 교실에서 공부할 때면 중국아이들과 동등하게 경쟁하고 있다는 느낌을 되찾을 수 있었다. 반장에게 '뇌물'을 주면서까지 '담임 쪽지'를 얻어냈다. '쪽지'가 없다고 거절사인을 보낼 때는 룸메이트인 리우창(刘倡)에게 선생님께는 내가 화장실에 있다고 말씀 드려 잘 넘겨달라고 부탁하기도 했다.

그러던 어느 날, 급기야 문제가 터지고 말았다. 어스름한 새벽녘, 소변이 몹시 마려워 화장실 대용으로 쓰던 페트병을 보니 오줌이 가득 차있었다. 웬만하면 참아보려 했지만 공부에 지장을 줄 정도가 되자 하는 수 없이 화장실에 다녀오기로 했다. 주변을 잘 살핀 뒤, 사람이 없다는 것을 확인하고는 교실 문을 열었다. 그런데 복도 저 끝에서 아저씨가 걸어오고 있는 게 아닌가! 플래시 불빛이 문 쪽에 비쳤다. 나는 깜짝 놀라 문을 잠그는 것도 잊은 채 구석에 허겁지겁 숨었다. 아저씨는 인기척을 느끼셨는지 플래시로 교실 구석구석을 비추었다.

"누구야!"
아저씨가 소스라치게 놀라며 소리쳤다.
"아저씨… 저녁 자습하다 피곤해서 잠이 들었는데 일어나니

11시였어요."

아침 조례시간에 경고받는 내 모습이 스쳐가면서 순간 나도 모르게 거짓말을 하고 말았다.

"아저씨, 한 번만 봐주세요. 다음에는 꼭 제시간에 나갈게요."

"이건 내가 결정하는 사항이 아냐. 학년주임께는 네가 직접 말씀드리도록 해."

그냥 넘어가 주길 바랐지만, 아저씨께서는 한 치의 양보도 없이 원칙을 지키셨다. 혹 내가 말씀 드리지 않는다 해도 아저씨가 보고할 것이기에, 그날 아침 학년주임을 찾아가 상황을 모두 털어 놓았다.

"몇 반, 누구라고 했지?"

"3학년 6반, 이겨레라고 합니다."

"자네가 열심히 한다는 얘기는 많이 들었네. 이번은 봐주고 넘어가겠으나 다음에는 절대 이런 일이 있어서는 안 돼. 알겠나?"

"네, 알겠습니다. 감사합니다."

떨리는 가슴에 손을 얹고 교무실을 빠져나왔다. 예습을 마치고 듣던 달콤했던 수업들을 생각하면 기숙사에 돌아가기 싫었다. 하지만 오늘은 분명 집중적으로 우리교실을 검사할 것이기에 기숙사로 들어가야만 했다.

비누로 얼굴을 안 씻은 지 벌써 수일 째, 꼴이 말이 아니었다. 하늘색 교복에는 땟국이 줄줄 흘렀다. 며칠 내내 신었던 양말을 벗는데 발에 꼭 달라붙어 있었다. 조심스레 천천히 벗겨 내려갔다. 땀에 겉껍질이 부풀어 올라 양말과 함께 떨어져 나갔다. 아프진 않았지만, 독하게 마음먹고 공부했던 내가 다시 눈물을 흘린 순간이었다. 갑자기 아버지께서 언젠가 말씀해주셨던 효봉 스님 이야기가 생각났다.

효봉은 고종말기 와세다대를 나와 판사시험에 합격했다. 그후 판사가 되어 어느 날, 일본의 압박에 무고한 한 한국인을 사형집행하게 되었다. 하지만 무죄가 밝혀지자 죄 없는 사람을 죽였다는 정신적 혼란과 죄책감 때문에 판사직을 그만두었다. 그때부터 효봉은 스님이 되어 굴속에 들어가 참선을 했다. 굴 입구에는 쇠통을 채우고 하루 한 끼로 연명하며 좌선에 임했다. 결국 깨달음에 이르러 자리에서 일어나자 방석마저 함께 따라 붙어 엉덩이 살점이 뚝 떨어져나갔다는 일화다.

내게 있어서도 그해 겨울 또한 끝이 보이지 않는 암흑 속 수련이었다.

그러던 11월 어느 날, 선생님께서는 "4월에 있는 테이징대 유학생 입시가 몇 달 남지 않았으니, 이제 잠시 입시준비에 집

중하고 시험이 끝나면 다시 중국수능(高考)에 도전하자"고 말씀
하셨다. 나는 선생님의 말씀에 따라 잠시 중국아이들과의 경
쟁을 멈추고, 그때부터 유학생 입시와 연관이 있는 중국어, 영
어, 수학 그리고 역사시간에만 수업에 참가했다. 그 외의 정치
와 지리시간에는 수업대신 자습을 했다. 또한 입시준비를 하
는 한국학생들을 모아 스터디 그룹을 만들었다. 오후 자습시
간에는 학교 측에 부탁해서 최고의 문과선생님께 '중국개황(中
国概况)'특별 지도도 받았다.

도시락 연맹

　　　　　　　정치선생님께서 유엔(UN)에 관한 수업
을 하시다가 갑자기 내게 말했다.
　"겨레야, 다음 정치수업에서 네가 반기문 유엔 사무총장에
대해 소개해줘야겠구나."
　스피치를 좋아하는 나는 선생님의 요청을 기분 좋게 받아
들였다. 더불어 '유학생 입시'를 준비하느라 한동안 함께 공부
할 수 없었던 반 친구들에게 '잠시의 이별'을 고백할 좋은 기
회라는 생각이 들었다. 반기문 사무총장에 대한 정보를 수집
하여 연설자료를 만들고, 반장에게는 '담임 쪽지' 일주일분을

얻어 교실에서 밤을 새가며 스피치를 준비했다. 다행히도 이번에는 들키지 않았고, 스피치 바로 전날에는 충분한 수면도 취했다. 그리고 드디어 기다리던 정치 수업시간, 심호흡을 한 뒤 교단 위로 올라섰다.

"선서! 나 반기문은 충심을 다해 분별력과 양심을 갖고 유엔사무총장으로 나에게 부여된 임무를 다할 것을 엄숙히 선서합니다. 이것은 2006년 12월 14일 유엔 반기문 사무총장의 취임선서입니다. 한 사람이 유엔 사무총장이 되기까지 얼마나 많은 노력을 했을까요? 또 역사는 어떻게 그를 선택했을까요? 오늘 저는 이 두 가지 질문에 답하고자 합니다.(… 중략)

2006년 10월 13일 유엔총회의 192개 회원국 대표들은 박수로 한국의 반기문을 유엔 제8대 사무총장으로 맞이했습니다. 공교롭게도 1년 전의 10월 13일, 11고의 영재들은 박수로 한국의 이겨레를 '민간 외교관'으로 맞이했습니다. 그 호칭이 아직 유효하다면 저는 말하고 싶습니다.

"역사는 우리가 무엇을 말했는지 기억하지 않습니다. 그러나 우리가 무엇을 했는지는 절대 잊지 않을 것입니다." 미국 제16대 대통령 아브라함 링컨의 게티스버그 연설의 일부입니다. 유학생 입시를 보겠다는 선택에 의해 우리의 길은 달라

졌지만, 같이 생활하는 남은 시간동안 우리의 작은 실천으로
한·중 우의에 미약하게나마 보탬이 되었으면 좋겠습니다.

선서! 나, 이겨레는 인류사회의 구성원으로서, 선언합니다.
인류의 평화와 공동발전을 나의 행동규범으로 삼아, 고등학교
에서 남은 시간 동안 전 인류의 경제·정치·문화·복지 그리
고 과학의 발전을 위한 국제적 인재가 되기 위해 노력하겠습
니다."

친구들은 진지하게 연설을 들어주었고, 나는 그런 아이들이
고맙고 존경스러웠다. 내 생애 가장 멋진 이별이었다. 그날 오
후 체육시간에 장치엔원(张倩雯)이라는 친구가 자습하고 있는 나
에게로 다가왔다.

"겨레야. 다음 주부터 우리가 점심 도시락을 싸다 줄게."
"우리?"
"응. 아까 네가 연설한 것을 듣고, 무언가 좀 해야겠다는 애
들이 생겼거든. 너를 위해 뭐가 좋을까 생각하다가 평소에 점
심도 빵으로 때우는 널 위해 도시락을 싸주기로 했어."
"그러니까 누가?"
"아참, 월요일에는 장쟈이(张嘉益) , 화요일에는 쩌우펑양(邹丰

阳), 수요일에는 나, 목요일에는 구딴이(谷丹怡), 금요일에는 쉬허옌(徐赫颜), 토요일에는 리리(李立). 방금 부모님들께 모두 전화로 말씀 드렸더니 좋다고들 하셨어. 이제 네 대답만 남았어." 나는 생각지도 못한 친구들의 우정에 잠시 말을 잃고 웃음만 나왔다.

"나야, 시간을 절약하면서 든든하게 집밥을 먹는 건 크게 고맙지만, 부모님들께 너무 폐 끼치는 것 같아서 거절할래 마음만 받을게."

"그러지 말고, 그냥 엄마가 싸다 주는 거라 생각하고 먹어. 든든히 먹어야 집중도 잘하지."

"알았어. 그럼 오늘 부모님께 말씀드려보고 내일 대답해줄게."

그날 저녁, 나는 어머니께 전화를 걸어 여쭈었다. 그러자 어머니께서는 내가 나중에 성공해서 신세를 갚으면 된다며 그 제안을 받아들이라고 하셨다. 그렇게 월요일부터의 점심시간은 따스하고 행복했다. 빵 대신 밥으로 든든하게 속을 채우고 공부에 전념할 수 있었던 것도 물론 좋았지만, 나를 생각해주는 친구들의 우정과 사랑이 나를 더 기쁘게 했다. 그리고 시간이 지나면서 나는 그 6명의 친구들에게 '도시락 연맹'이라는 그룹명을 지어주었다. 일주일이 지나자, "누구네 집 반찬이 제일 맛있었어?", "어떤 반찬이 제일 맛있었어?", "오늘 도시락은 구딴이(谷丹怡)가 직접 쌌대" 등의 이야기를 나누며 웃곤 했다.

베이징대 입시가 점점 가까워지면서 원서를 작성하고 제출하는 등의 문제로 점심에는 거의 교실에 없을 때가 많았다. 그러자 '도시락 연맹'도 자연스럽게 정지됐다. 그들에 대한 '빚'은 아직도 갚지 못했다.

친구가 되기 전에는 서로를 의심하고 경계하지만 친구가 되면 자신의 목숨도 내주는 것, 이를 중국에서는 '양늑삽도(兩肋插刀, 친구를 위해 칼을 대신 맞다)'라 부른다. 약 한 달 동안의 도시락은 그들의 위대한 우정과 사랑이었으며, 내가 보아왔던 가장 훌륭한 외교였다. 말이 아닌 실천의 외교, 국익을 위한 외교이든 국제사회의 이익을 위한 외교이든 실천을 근거로 하지 않는 것은 무용지물일 것이다.

수용소에서의 한 학기

새해가 되고, 중국수능(高考)이 점점 가까워졌다. 몇몇 영재반 학생들에게 작은 교실 하나가 생겼다. 더 효율적으로 자습하라는 학교측의 배려였다.

그곳은 나에게 안성맞춤이었다. 유학생 입시와 큰 연관이 없는 수업시간에는 조용히 빠져 나와 자습을 할 수 있었다. 유학생 입시 원서도 차분히 작성할 수 있었다. 특히 앞문은 철문이고 뒷문의 유리창은 신문지로 가려진 구조여서 가위 '수용소'라 부를 만했다. 소변을 담을 페트병만 충분히 준비해놓는다면 학교에 남아 마음껏 밤을 샐 수 있었다. 완벽한 준비를 위한 유일한 선택이라고 생각했다.

'수용소에서의 한 학기'는 그렇게 시작되었다. 제발로만 들어갔지 생활은 육체와 정신의 자유가 박탈된 유태인 수용소와 다를 바 없었다. 내 머릿속은 오로지 '유학생 입시'로만 꽉 찼다. '도시락 연맹'도 이맘때 끝났다. 입시와 관계없는 정치, 지리, 체육 수업은 모두 이곳에서 보냈다. 생수, 간식, 페트병, 간단한 생필품을 책상서랍에 넣어두었다. 그리고 플래너에 각 과목의 목표를 2시간 단위로 큼직큼직하게 잡고 과감하게 실천해나갔다.

독해 문제를 집중 공략했고, 영어는 문법체계를 정리하면서 어휘들을 쌓아갔다. 수학은 문제를 유형별로 하나하나씩 정복해갔다. 역사는 베이징대 교재에 나온 내용들을 외우면서 교과서의 내용을 보충했고, 중국개황(中国概况)은 지난 출제 문제들을 정리하면서 중점을 체크하고 필기로 외워야 할 부분들을 정리했다.

제2차 모의고사 때는 유학생 입시가 2주일도 채 남지 않아 아예 응시하지 않았다. 나만 홀로 남아 일주일 동안 단 한 발

짝도 안 나가고 유학생 입시에 몰두했다. 기숙사로 돌아가는 날, '수용소'는 그야말로 가관이었다. 소변이 담긴 1.5L짜리 페트병 6개가 가지런히 놓여 있었고, 그 중간에는 흐트러진 머리와 지저분하게 수염을 기른 한 마리 '야수'가 서있었다. 영화 〈에비에이터(*The Aviator*)〉에서의 한 장면 같았다. '똥간 스터디', '와심상담' 보다 훨씬 더 혹독한 일상은 중국수능이 치러지는 6월 말까지 계속됐다.

파르테논 신전 아래에서 에게해를 바라보며 신과 가까워지겠다는 청년은 어느 샌가 폐쇄적인 철학자가 되어가고 있었다. 세상은 오로지 '유학생 입시'의 틀 안에서 해석됐고, 인간의 풍부한 정신세계는 모두 배제되고 '집념'만이 이해되었다. 비록 갇힌 눈과 마음으로 세상을 바라보고 인간을 이해했지만, 꿈 하나만을 생각하며 '유학생 입시'에 몰두했다.

어둠 속의 불빛

꿈을 따라서

기차가 다시 베이징을 향해 달렸다. 멈추지 않고 달렸다. 새벽녘, 기차는 베이징역에 멈췄다.

베이징대에 유학생 시험 접수신청서를 냈다. 정식으로 베이징대에 가기 위한 첫 걸음을 뗀 것이다. 원서접수 담당선생님들과도 친분을 쌓았다. 지망한 국제관계학원에도 갔다. 전 미국 국무장관인 헨리 키신저, 콘돌리자 라이스의 방문 기념사진 앞에서 사진도 찍었다. 꼭 베이징대의 최우수학생이 되어 국제외교자리에 참석하겠다고 다짐했다. 선배님이 될 형, 누나들과 함께 수업을 참관하며 끊임없이 노력해 실력을 쌓아야 겠다고 생각했다.

　베이징에 있는 신동방[24] 본부에도 갔다. 위민홍(俞敏洪)[25] 선생님을 만나는 거리가 점점 더 가까워지고 있음을 느꼈다. 디너 쇼도 보았다. 중국문화를 흠뻑 감상하면서 훗날 주말마다 베이징에서 전시회와 공연을 감상하는 자신을 상상했다. 무엇보다도 무뚝뚝한 아버지께서 직접 와주셔서 더 의미 있는 시간이었다.

　기차가 쉴 없이 달린다. 창문 너머로 끝이 없는 대륙의 평원이 펼쳐진다. 어느새 벌판 저편에서는 태양이 떠오르고 있다. 자연의 아름다움에 선물할 멋진 시어(詩語)를 발산할 수 없어 아쉽기만 하다. 그러나 부족한 나의 언어로라도 이 순간을 표현하고 싶다.

　"너는 생동하는 아름다움을 가지고 있구나!"

　삶 역시 선로 위를 달리는 저 기차처럼 쉴 없이 이어지고, 저 새벽의 태양 역시 용솟음치며 떠오른다. 그리고 나에게 이렇게 속삭인다. "세계를 바꾸기 위해서는 너 자신부터 바꿔라."

★★ 24) 중국에서 가장 큰 사립 영어학원.

★★ 25) 유민홍, 베이징대 영문학졸업으로 신동방 창시자. 3수로 성공의 삶을 이끈 것으로 유명하다.

나는 변화할 것이다!

정신과 의지의 힘만 믿는 만용보다는 끊임없이 객관적인 근거와 사유로 미래를 이끌 것이다. 계획만 하는 몽상가가 아닌, 꿈을 위해 준비하는 실천자가 될 것이다. 시대 정신을 알아가는 데 그치지 않고 시대가 안고 있는 모순을 극복하기 의해 노력하는 사람이 될 것이다. 학문만을 추구하는 학자가 아닌, 학술과 실천을 고루 갖춘 외교관이 될 것이다.

삶은 끝없이 변화한다. 인류의 문명도 매일 발전하고 있다. 국가 간의 발전에는 차이가 있고, 각 국가 내부에도 불균형이 존재한다. 문명은 이제 세계적 범위로 확대되었고, 나는 이 문명의 작은 한 부분일 뿐이다. 그러나 불균형한 발전 속에서 세상을 조화롭게 리드하는 사람이 되기 위해 노력해야 한다.

시계바늘과 함께 매분, 매초 변화할 것이다. 나의 약점들을 보완하고 장점들은 살려 나를 한 단계 더 발전시킬 것이다.

흥분된 가슴을 진정시키고, 플래너에 새로운 이름을 지어 주었다. '일심일의 숙능생교(一心一意 熟能生巧, 하나의 마음과 하나의 생각으로 꾸준히 연습하면 능숙해져서 기교가 생긴다).' 올림픽 금메달을 위해 매일 선수촌에서 피나는 연습을 하는 대한민국 선수들의 모습이 잠시 머리를 스쳐 지나갔다.

3학년 복습기간 때까지 선생님들께서는 우리가 알아야 할 것 이상의 지식과 문제 푸는 방법을 알려주신다. 이 시간에는 원하는 대학에 가기 위해 일편단심으로 문제를 숙달하는 훈련만 남아 있다.

대학 입시를 준비하는 학생에게 '입시강령(考纲)[26]'은 올림픽 선수들의 코치와 같다. 코치는 선수들에게 메달을 따도록 무엇을, 어떻게 해야 하는지를 훈련시킨다. 입시강령은 학생들에게 입시에서 높은 점수를 받기 위해 무엇을, 어떻게 공부해야 하는지를 알려준다. 지식의 범위를 정해주었으니, 이미 알고 있는 것은 반복해서 복습하고, 부족한 부분은 보완하면 된다. 복습기간 전까지의 공부를 무한한 우주를 탐구하는 그리스인처럼 대해야 한다면, 복습기간이 시작되면 가장 필요한 것만 남겨 놓는 로마인이 돼야 한다.

비록 과정이 기계적으로 느껴지지만 이처럼 성취감을 느끼게 해주는 시기도 없다. 요구한 부분을 소화했다면 점수를 얻을 수 있고, 소화하지 못했다면 만점을 받을 수 없다.

이 기간이 되면 하버드에서 말하는 공부방법의 핵심인 집중력과 시간관리가 빛을 발한다. 집중력이란 요구하는 내용을 소화하는 효율을 말하며, 시간관리는 자기를 컨트롤하는 절제

★★ 26) '입시강령'은 고등학교 3년 동안 배운 내용에서 그 해 시험 문제를 출제할 범위와 학생들이 익혀야 할 지식들을 중요도 순으로 정리한 책자이다.

력을 말한다. 날마다 규칙적인 생활로 공부하는 시간을 통일시키고, 절제와 집중으로 주어진 시간에 공부량을 미리 책정하고 남은 시간 동안 최대한의 준비를 해야 한다. 코치의 지도를 받아가며 시합 전까지 끊임없이 엉덩방아 찧는 김연아처럼.

방법을 알고 준비한 사람에게 가장 기다려지는 것은 검증의 시간이다. 그렇게 검증의 날을 위해 준비했고, 그날만을 기다렸다.

어머니의 편지

시험은 주체 측에서 요구하는 실력을 테스트하는 것이지만, 시험 참가자들에게는 당일의 심리상태도 중요하다. 시험에 임하는 심리 역시도 능력이라고 하지 않던가! 시험 당일, 각종 입시학원의 응원으로 떠들썩한 시험장 앞에서 나는 가장 조용한 곳에 앉아 마음을 가다듬었다. 그리고 마치 전투에 나온 병사가 잠시 주어진 휴식시간에 가족이나 연인이 보낸 편지를 읽듯이, 나도 공책 사이에 끼워 둔 어머니의 편지를 읽었다.

주여!

경건하고 거룩하게

그러나

떨리지 아니하게 시험에 임하게 하여 주시옵소서

눈과 머리와 손에

총명과 지혜의 등불을 안겨주옵소서

저는 가진 것이 아무것도 없사옵니다

오로지

주께서 내려주신 어린 아들…

사랑의 힘으로 어떤 문제도 수월하게 풀 수 있도록

길을 안내하여 주옵소서

어둠을 뚫고 솟아오르는 태양의

저 거대한 기운을 넣어

아이의 손에 쥐어진 펜 속으로

찬란한 빛을 뿌려주소서

집중과 깨어 있음으로…

마음 한가운데서

차분함으로 그 날을 임하게 하옵소서

평화로이…

잔잔하게…

온전하게…

집중과 깨어있음으로

그 순간을 최고의 영광으로 안을 수 있도록

내 아이에게 힘을 안겨 주소서

-2008년 4월 10일 김복희

수험장에 들어가기 전, 어머니의 편지를 읽으면서 어머니의 영혼을 느낄 수 있었다. 내면으로부터 설명할 수 없는 에너지가 솟아올랐다. 어머니께서는 시험 전에도 편지를 써주셨지만, 새 학기 시작 전에도 품안에서 무언가를 꺼내 내손에 쥐어주곤 했다.

여름 동안 엄마는 겨레로 인해 행복했다. 겨레는 엄마에게 모든 의미다.

중국에 가면….

방학 동안 푸욱 쉬고 놀았으니 다시 긴장하고 집중하여 최선의 노력을 바란다. 엄마 역시 그리할 것이다. 그래서 1년 후, 더욱 성숙되고 예쁜 모습으로 만나자꾸나. 인생은 고달프기도 한 반면 참으로 즐겁다. 세계는 온전하게 문을 열어 놓았다. 보이지 않는 눈으로 겨레를 관찰하고 있다. 꾸준히, 성실히 실력과 능력을 다져, 과감히 날아오르길 바란다.

언제나 나보다 못한 이웃과 친구들을 배려하고, 겨레는 부모님의 사랑과 기대를 한몸에 받고 성장한 매우 복 있는 아이라 생각하렴. 혹독한 시련과 고생은 결국 너에게 꿀과 같은 달콤함을 선물하고 너를 여물게 하는 훌륭한 생의 필수 과목이 될 것이다. 그것들을 미소로 가슴 가득 받아 들여라, 겨레야!

올 여름 다행히도 엄마가 잠시 휴직으로 시간을 충분히 낼 수 있어서 좋았단다. 아들의 체취, 끝없는 대화, 폭소… 그리고도 그리웠던 내 아들을 실컷 어루만지고 칭찬해주고, 쉬고, 먹고 행복했단다.

가방 안 한쪽 모퉁이에 담은 약은 네가 집중해서 공부할 수 있게 하는 외할머니께서 만드신 건강식품이란다. 식전(눈 뜨자마자) 두 알씩 먹고 식사를 꼬박꼬박 챙기렴. 엄마 없이 혼자서 어려움이 많겠구나, 아들아. 그렇지만 엄마는 아들을 믿는다.

사랑한다.
— 엄마가

사랑하는 내 아들아!

너에게 줄 수 있는 것이 딱 하나 있다. '생존기법'이다.

엄마는 말이야. 겨레에게 언제나 등불로 존재할 것이다.

겨레가 어둠 속에서 방향을 잃고 헤맬 때

보이지 않는 그곳에서 늘 너를 향해 '빛'을 뿌리는 존자.

엄마는 겨레에게 진정한 벗이 되어줄 것이다.

때로는 말하기 힘든 고민으로 몸부림칠 때,

안심하고 속 시원히 털어 놓고, 울고, 웃을 수 있는 그런 친구.

엄마는 겨레에게 하나의 신념이 되어줄 것이다.

외할머니의 강인한 정신과 숭고한 지조가 무궁화 꽃으로 피어나듯,

내 아들에게 남길 유산으로 변치 않는 사랑의 신화를.

그리고 그런 신념으로 고통에 늘 감사 하거라
— 엄마가 겨레에게

이런 편지들은 힘든 유학생활을 꿋꿋하게 지탱해줄 수 있는 커다란 에너지가 되었다. 지옥에서 천국의 문을 열게 된 것도 사랑 때문이었고, '베이징대 입학'이라는 꿈을 이룰 수 있었던 것 역시 사랑이 있었기에 가능했다.

에너지 넘치는 삶을 살기 위해서는 자신의 굳은 믿음이 있어야 하며, 그 믿음은 우리 마음속에 살아 숨 쉬는 사랑으로부터 비롯된다.

가끔씩 상상해본다. 만약 내 인생에 엄마가 없었다면 과연 지금 어떤 모습이었을까? 밭에 거름을 주고, 돼지 똥을 치우고 아이를 낳아 경운기에 싣고 청양골 도로를 부지런히 달리고 있는 농부 이겨레! 하하하

꿈의 실현
– 베이징대와 칭화대 동시합격

"해냈다!"

PC방에 있다는 것도 잊어버린 채 소리쳤다. 어떤 경우에도 들뜬 기분을 절제해왔던 평소와는 달리 마음껏 기쁨을 누리며 이 소식을 가장 먼저 가족들에게 알렸다.

"아빠, 저 필기시험 합격했어요! 어려운 건 다 지나고 이제 면접만 남았어요."

아버지께서는 흥분된 마음을 곧 진정하신 듯 했지만, 여전히 목소리가 조금 떨리고 있었다.

"그래, 수고했다. 아직 방심하지 말고, 침착하게 면접 준비하거라."

어머니께도 이 소식을 알리자, "아이구, 우리 아들 장하다. 빨리 보고 싶구나"라고 말씀하셨다.

항상 자신의 감정에 숨김이 없는 어머니의 답변이었다.

베이징대 홈페이지에서 '2008년도 유학생 면접공지' 링크를 열었다. 이윽고 5월 10일 면접 참가자들의 학생명단이 떴다. 내 이름 대신 수험번호가 제1조에 편성되어 있었다. 마침내 베이징대 입학 필기시험을 통과한 것이다.

이 기쁜 소식을 사랑하는 주(朱)선생님과 '도시락 연맹' 그리고 기숙사 친구들에게도 알리기 위해 학교로 뛰어갔다. 타이타닉 갑판에 올라가 두 팔을 펼친 기분이었다. 날아갈 것만 같았다.

교무실로 정신없이 달려가 담임선생님 품에 덥석 안겼다.

"선생님 저 필기시험 통과했어요."

선생님께서는 나를 안은 채로 "요녀석! 역시 해냈구나. 어디 이제 앞으로의 계획을 같이 얘기해볼까?"라며 머리를 쓰다듬었다.

선생님과 함께 베이징대 면접, 칭화대 필기시험과 중국수능 (高考)에 대해 이야기를 나누고 계획을 세운 뒤, 기숙사로 달려갔다. 오늘이 성적 나오는 날이라는 것을 안 기숙사 룸메이트

들은 내가 오랜만에 날뛰는 모습을 보고, "오~ 짜식, 네가 해
낼 줄 알았어! 축하한다, 임마"라며 내게로 달려들었다.

유년 시절, 필드에서 공을 차며 골을 넣었을 때, 세리모니를
하던 장면이 떠올랐다. 시합 날까지 함께한 친구들이 있었기
에 골은 더욱 달콤했다. 소식은 금세 퍼져나갔고 그날 저녁 내
휴대폰은 축하메시지로 넘쳐났다. 친구들이 보낸 문자를 하나
하나 읽으면서, 그들과의 추억들을 떠올리며 감회에 젖었다.
흥분과 감동으로 넘쳤지만 고요한 순간이었다.

면접날이 다가왔다. 아침 8시에 면접장소인 원쓰러우(文史楼)
에 도착했다. 긴장하지 않는 것이 가장 중요했다. 필기시험 때
옆에서 시험을 치렀던 친구, 학교동기들과 대화를 나누며 긴
장을 풀었다.

곧이어 5명이 한조가 되어 대기실에서 교실로 이동했다. 세
분의 교수님들께서 우리를 맞이했다. 인사가 끝나자마자 면접
은 시작되었고, 앉은 순으로 자기소개를 했다. 이름, 학교, 특
기, 취미, 중국에 유학하게 된 동기, 베이징대를 선택한 이유,
지망한 학과와 나의 미래와의 관계를 또박또박 말씀드렸다.
자기소개 후, 예상을 깨고 비교적 형식적인 면접이 진행됐다.
질문지를 제비뽑기하여, 한 명씩 차례로 그 물음에 답하는 것
이었다. 내가 뽑은 질문지다.

이 질문에 대한 내 대답은 다음과 같았다.

"《홍길동전》은 허균이 지은 조선시대 의적소설로서 《심청전》, 《춘향전》과 더불어 한국의 대표 고전소설로 꼽힙니다. 한국문학사상 첫 한글소설이기도 하고요. 홍길동이라는 청년의 이야기를 통해 조선시대의 엄격한 계급제도를 비판한 소설이지요. 이 소설은 한국에서 애니메이션, 드라마, 영화 등으로 많이 제작되어 어린 시절 즐겨보곤 했는데, 특히 저는 홍길동이 산속에서 스승님으로부터 훈련받는 장면을 인상 깊게 보았습니다.

스승님은 항상 홍길동에게 '강도'와 '정확도' 그리고 '속도', 이 '3도'를 훈련해야 한다고 가르쳤습니다. 저는 이런 훈련과정이 공부의 과정과 같다고 생각합니다. 시험을 준비하면서도 이 '3도'를 골고루 훈련해야 좋은 성적을 받을 수 있습니다.

또한 홍길동은 현대문학작품이나 영화에서 정의와 사회부패를 비판하는 영웅의 대명사로 쓰이기도 합니다.

"홍길동이 왜 홍길동인데요! 아버지를 아버지라 부르지 못해 그렇잖습니까! 법이 무엇인데요? 그건 사람이 살기 위해 최소한으로 지켜야 할 규율인데 나쁜 사람을 나쁜 사람이라하지 못하면, 법 없이도 사는 착한 사람은 어떡합니까!27)"

이 영화에서는《홍길동전》의 주인공인 홍길동을 인용해 사회부패를 비판하고 있습니다."

나는 어릴 때 즐겨보았던 홍길동 만화가 떠올라서 이를 문학화해서 답했다. 답변을 마치고 자율토론 시간이 3분 정도 있었다. 한 교수님께서 내 답변이 대부분 자신에게 준 영향과 상업적인 영향에 대해 말한 것이라며, 문학적인 측면에서 더 보충할 수 없냐고 질문하셨다.

"한국의 첫 한글소설이라는 사실 외에는 잘 모르겠습니다."

막상 대답하고 나니, 갑자기 눈앞이 캄캄해졌다. 지금까지 최선을 다해 잘 답했다고 생각했는데 마지막 3분을 남겨두고 내 가장 취약한 한국 문학분야에서 딱 걸린 것이다. 박경리의 《토지》, 최명희의《혼불》, 조정래의《태백산맥》, 서정주 시인의《국화 옆에서》등 어머니로부터 여러 번 들어 익히 알고 있는 작품들도 많았는데 왜 하필 잘 모르는《홍길동전》을 선택했을까? 후회가 됐지만 이제와 아무 소용이 없었다.

그렇게 약간의 불안감을 뒤로한 채 베이징대 면접장을 나선

★★27) 〈공공의 적〉 주인공 강철중의 대사

나는 다시 발걸음을 서둘러야 했다. 칭화대 시험을 치러야 했기 때문이다.

칭화대 유학생 시험은 2008년 4월 15일까지 접수를 하면 되었다. 나는 4월 13일 베이징대 필기시험을 마치고 칭화대 시험에도 응시했었다. '혹시 베이징대에 떨어지면 재수하지 말고 차라리 칭화대에 합격해 국제정치를 열심히 공부하자'는 판단이었다.

2008년 5월 10일 오전 9시부터 칭화대 첫 번째 필기시험인 어문시험이 시작되었다. '시간이 겹쳐도 면접을 마치고 바로 가면 시험에 참가할 수 있겠지'라고 생각했지만, 베이징대 면접을 끝내고 나니 오전 10시가 다 되었다. 초조한 마음으로 택시를 타고 칭화대 수험장에 도착했다. 감독선생님께서는 1시간이나 늦었다며 시험장에 들여보내주지 않으셨다. 그러나 베이징대 입학이 확정되지 않은 나로서는 칭화대 시험 역시 꼭 잡아야만 하는 기회였다.

"선생님, 제 일생에서 너무나도 중요한 시험이니 제발 들어가게 해주세요."

간절하게 애원하자 감독선생님께서 담당선생님을 불러오셨다. 이런저런 사정을 말씀드리고 부탁을 하자 어렵사리 시험에 임하게 해주었다. 그러나 시험은 채 1시간도 남지 않았다. 다행히도 시험 전, 어문 선생님과 칭화대 시험을 대비해 분석하고 준비한 덕에 50분 안에 모든 문제에 전부 답할 수 있었다. 그렇게 또 다시 이틀 동안의 필기시험이 치러졌다. 나는 이미 시험 '전문가'가 되어있었다. 어떤 시험이든지 당당하고 자신 있었다.

베이징대 면접과 칭화대 입시를 마치고 나는 창춘으로 돌

★★ 그토록 꿈꿨던 베이징대 서문 앞에서

아와 중국아이들과 수능(高考)을 준비했다. 모든 시험을 마치고 결과만을 기다리는 나로서는 이제 고교 시절 마지막 도전만 남아있는 셈이었다. '중국아이들과 경쟁해 베이징대에 들어가는 것', 조약을 실현한 뒤 하루하루를 이끌어준 소중한 약속이기도 했다.

그리고 수능에 참가하기 전 그 도전의 절반을 이미 성취해냈다. 베이징대와 칭화대에 동시 합격하게 된 것이다. 기쁜 소식이었지만 내 도전을 완성하는 데에는 좋지 않은 영향을 끼쳤다. 나는 남은 시간 동안 수능을 준비하기도 했지만, 중국친구들처럼 절박하지 않았다. 그동안 아예 손을 놓고 있던 정치와 지리를 죽어라 공부해도 모자랄 판에, 수능 후 어떻게 여름방학을 알차게 보낼지, 베이징대 캠퍼스 생활을 어떻게 해나가야 할지, 심지어 만약 책을 쓴다면 어떤 내용을 써야 할지 등에 대한 구상을 하는 데 시간을 소비했다.

결과는 뻔했다. 수능 점수는 베이징대 문턱에도 닿지 못했다. 길림성 교육국(敎育局)의 특별허가를 받아 중국아이들과 함께 수능에 참가했다는 것에만 만족할 수밖에 없었다. 젊음의 약속에 일편단심하지 못해 보게 된 낭패였다.

이미 베이징대 유학생 시험에 합격한 나는 수능의 실패를 '경험'이란 단어로 변호할 수는 있었다. 하지만 그 실수는 내가 베이징대에서 앞으로도 계속 갚아야 할 빚이 되어버렸다. 그렇게 '희(喜)'와 '비(悲)' 모두를 안고 나는 '사상의 자유'를 추구하는 신성한 그곳, 베이징대에 들어가게 되었다. 그리고 그동안 꿈꾸었던 장면들을 그대로 현실에서 구현하게 되었다.

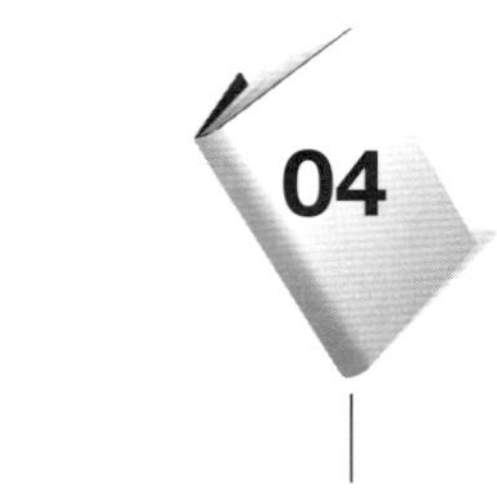

카사노바 – 8명과의 사랑

"子曰：君子有三戒，小之时血气未定，戒之在色；及其壮也，血气方刚，戒之在斗；及其老也，血气既衰，戒之在得。"

"자왈, 군자는 세 가지 경계할 것이 있으니, 연소할 때는 혈기가 아직도 정하여지지 않았는지라 경계할 것이 여색에 있고, 몸이 장성함에 이르면 혈기가 바야흐로 강한지라 경계할 것이 투쟁하는 데 있으며, 몸이 늙음에 이르면 혈기가 이미 쇠퇴한지라 경계할 것이 욕심내어 얻으려는 데 있느니라."

–춘추시대 유교의 시조, 공자(孔子)

"여자를 돌로 봐야 한다."

부모님을 따라 가끔씩 지도층 인사들을 만나는데, 故 김대중 대통령의 고문이셨던 권노갑 전 의원님과 프레지던트호텔 임승순 대표님을 만났을 때 그분들께서 해주신 말씀이다. 청년시기에 열심히 공부하여 자신의 위치를 확보하면, 나중에 훌륭한 여인들이 저절로 몰려든다는 대선배님들의 충고였다.

그분들의 조언 때문이었는지 사실 내 고교 시절에는 단 한 명의 여자 친구도 없었다. '유학생 특수조약'을 실현시키고, 베이징대에 입학하겠다는 약속을 지키기 위해서는 그럴 낭만을 즐길 여유가 없기도 했다. 그러나 청년 시절에 이성에 대한 호기심을 억누르는 것은 매우 어려운 일이다. 본능을 만족시켜줄 대안이 필요했다.

내 마음속에 아무도 들어오지 않았을 때 정작 내 연인은 공부였다. 하지만 누군가에 대한 사랑이 싹트기 시작하면 내 마음을 진지하게 담은 시나 편지를 써서 그녀에게 전해주었다. 그리고 마지막은 항상 "너에게 좋아하는 감정은 있지만, 앞으로도 계속 좋은 친구가 되었으면 좋겠다"는 내용으로 솔직하게 고백했다. 그렇게 대화를 나누면 한결 마음이 편해졌다. 이것이 내 고교 시절 나만의 사랑법이었다.

종국에서 우리는 항상 연인이 아닌 친구로 관계가 정리되었기 때문에 더 이상의 발전은 없었다. 그래서인지 좋아하는 여자아이는 자주 바뀌었고, 고등학교를 졸업한 뒤 세어보니 8명이나 되었다. 좋아한 여자아이 수로만 보았을 때는 '카사노바'라 부를만하다. 비록 좋아하는 대상은 자주 바뀌었지만 이성이 언제나 나를 이끌었기에 '연애'가 테마인 유학을 하지는 않았다. 하지만 몇몇의 시와 편지 뒤에는 아련한 애수와 낭만이 깃들어 있다.

고1의 어느 겨울날, 한 여자아이가 눈에 들어왔다. 그녀는 매력적인 갈색눈동자가 다 보일 만큼 눈이 매우 컸으며 용감하고 솔직했다. 내 가까이 앉았었는데 공부도 잘할 뿐만 아니라 똑똑했다. 그래서 내게 가끔씩 어려운 문제를 알기 쉽게 풀어주곤 했었다. 하지만 여자아이에게는 남자친구가 있었고, 나는 그녀가 그 친구와 붙어 다니는 것을 볼 때마다 질투심에 가득 차 분통이 터지고 가슴이 미어졌다.

그럴 때면 슈베르트 '겨울 나그네'가 들려주었던 사랑에 실패한 한 청년의 괴로움이 내 마음을 가득 채웠다. 성문 앞 우물 옆에 있는 보리수 아래에서 지친 몸과 마음을 달랜 후 얼어붙은 냇물에 다다른다. 여기서 연가곡 6번 '홍수(넘쳐흐르는 눈물)'와 7번 '냇가에서'를 듣는다. 그러다보면 정말 가슴은 찢어지고 나그네는 냇물 앞에서 애절한 눈물을 흘린다. 쌓인 눈 위로 떨어지는 눈물을 보며 이렇게 생각한다. '내 눈물이 이 눈을 녹이고 그 녹은 물이 냇물을 따라 흘러가면 그녀의 집앞까지 가겠지.' 눈물이 마르지 않는 불쌍한 나그네는 얼어붙은 냇물을 건너다가 그녀 생각이 난다. 날카로운 돌을 구해 얼음 위에 그녀의 이름과 만난 날짜, 헤어진 날짜를 쓴다. 결국 그는 그 사랑 앞에 자신을 던진다. 그렇게 비극이 지나고 나면 나는 다시 태어났다. 그리고 맑고 순수한 마음으로 시 혹은 편지를 썼다.

월정사의 단기출가학교 전 학감이셨던 '언어의 마술사' 서정 스님께서는 "사랑은 90%의 침묵, 10%의 고백"이라고 하셨다. 진정한 10%의 사랑의 고백을 위해 나는 아직도 그 90%에 해당하는 침묵을 지키고 있다.

다음은 1학년을 마치고 문과 반을 선택하면서 이과 칸에서 마지막으로 좋아했던 친구에게 보낸 편지이다.

活泼和喜爱

Hello, 你知道我是谁吗？

我是有梦的、买画的人。我来到了26班非常幸运，因为在这里我可以买到世界上最可爱的画《活泼和喜爱》。 你知道作者为什么把这幅画的名称作《活泼和喜爱》吗其实很简单, 是一种因果关系。因为活泼, 所以让人喜爱。你知道这幅画的主人公是谁吗？就是你。

但有个人在阻止我买这幅画, 她叫作"梦想"。有时我想偷偷地拥有这幅画, 但"梦想"每次发现我并严格地对我说："如果你买这幅画, 你就不能拥有我。"所以我不得不远离了这幅画。 但今天, 与你最后一次成为同班同学的今天, "梦想"对我说："给你最后一次机会, 能在远处以朋友的名义观看这幅画。"所以我在写信。剩下的2年, "梦想"会继续阻止我拥有这幅画。 但无论怎样, 我希望这幅画的主人公会继续保持活泼的微笑, 给无数个人带来喜爱与希望。其实这也是我"梦想"的一部分。

我相信在未来我能大拥有这幅画, 因为她会成为我永久的朋友。

명랑함 그리고 사랑스러움

안녕? 내가 누군지 아니?

나는 꿈을 가진 그림을 사는 사람이야. 내가 26반에 들어오게 된 것은 내 생애 가장 큰 행운이었던 거 같아. 왜냐하면 이곳에서 나는 이 세상에서 가장 사랑스러운 '명랑함 그리고 사랑스러움'이라는 그림을 살 수 있었기 때문이야. 왜 이 그림을 그린 화가가 이 작품을 '명랑함 그리고 사랑스러움'이라고 한 줄 알아? 사실 정말 간단해. 그림의 주인공이 매우 명랑해서 사랑스럽기 때문이야. 그리고 이 그림 속 주인공이 누군지 알아? 바로 너야.

그러나 한 여인이 이 그림을 사는 것을 반대하고 있어. 그녀의 이름은 '꿈'이야. 내 마음속에서 그림을 소유하고 싶을 때마다 '꿈'은 나에게 엄격하게 말하곤 해. "이 그림을 가질 거면 날 가질 수 없어!" 어쩔 수 없이 나는 이 그림을 멀리하게 되었는데, 너와 같은 반 친구로서는 마지막 날이 된 오늘, 그녀는 나에게 친구라는 이름으로 먼발치에서 그림을 바라볼 수 있게 허락해 주었어. 그래서 편지를 쓰는 거야.

남은 2년의 시간 동안, 나에게 '꿈'이 사라지지 않는 한, 그녀에게는 이 그림을 소유하지 못하게 할 거야. 하지만 이 그림의 주인공인 너는 지금처럼 해맑은 미소와 명랑함으로 많은 사람들에게 희망을 전했으면 좋겠어. 그것이 어찌 보면 내 '꿈'의 한 부분일 지도 몰라.

미래에는 이 그림을 가질 수 있다고 믿어. 그때 우리는 영원한 친구가 될 테니까.

이 편지는 고3시절 함께 베이징대를 꿈꿨던 친구에게 썼던 편지로 우리 꼭 서로 원하는 꿈을 이루어 베이징대에서 좋은 친구로 다시 만나자는 내용이다.

你将在那里

理性的思维在那里,
等待着你的见解。

浪漫的爱情在那里,
等待着来温暖你的心。

北大的人本主义,
不仅源于传统的建筑;
更是因为我和他,
还有你将在那里。

너는 그곳에 있을 것이다

이성적 사고가 그곳에서 너의 소견을 기다린다.

낭만적 사랑이 너의 마음을 따뜻하게 해주려 그곳에서 기다린다.

베이징대의 인본주의(人本主义)는 전통적 건물에서 온 것뿐만 아니라, 나와 그, 네가 그곳에 있을 것이기에

다음은 베이징대 합격 후, 남자친구가 있는 아이를 좋아하게 되었는데, 그때 즐겨 들었던 이루마의 〈First Love〉에 수록되어 있는 곡들로 만든 나의 영시이다.

The time of us

The moment I loved with you,

I found a river ran through a tree.

It **was the river flew in you**

The memory of us becomes my love;

and with the power of this love,

I get the energy of my life.

Today I let the memory **leave my heart**

although the start is not easy.

I clearly know that **time forgets.**

if I could see you again, I hope we can love each other,

because we are best friends to each other.

Thanks to God for sending you to me,

and thanks to you for making my life meaningful

It's your day, today.

It's your day!

우리의 시간

사랑에 빠진 순간,

나는 한줄기 강물이 내 마음속에 스쳐가는 것을 보았네.

그건 너의 마음속에 흐르고 있는 강물이었나봐.

너와의 추억들이 사랑이 되었고,

그 사랑의 힘으로 삶의 에너지를 얻게 되었네.

하지만 오늘 난 그 **추억들이 내 마음을 떠나**가게 하려 하네.

시작은 쉽지 않겠지만, 난 분명히 알고 있어.

시간이 지나가면 잊혀 지게 될 것이라는 것을

만약 너를 다시 볼 수 있다면

그때 우리는 서로를 사랑할 테지.

서로에게 가장 좋은 친구가 되었으니까.

너를 세상에 보내준 하늘에 감사하고,

나의 삶을 의미 있게 해준 너에게 감사해.

오늘은 너의 날이야.

너의 날이야!

03 Chapter

세월을 낚는 철학자

영화뿐만 아니라 사람도 유쾌함과 진지함이 함께 해야 한다는 것을 알았다. 언제나 철없이 웃었던 유목민, 수화 때를 제외하면 표정이 없었던 정착민, 이제 가면까지 쓴 철학자의 얼굴에 해맑은 미소가 다시 번지고 있다.

PEKING UNIVERSITY

철학자의 창가 너머

데카르트와 파스칼

서울처럼 베이징의 집값도 만만치 않다. 그나마 유학생 기숙사가 가장 저렴하지만 방을 구하기는 쉽지 않았다. 민박집에서 2주 동안 살다가 어렵사리 기숙사에 들어갈 수 있었다.

침대 2개, 책꽂이가 딸린 책상 2개, 옷장 2개. 아담한 2인 1실이다. 한쪽에는 이미 살림살이가 차려져 있었다. 방 한가득 먼지뭉치가 날아다니고 책상은 어질러져 있었다.

"청소를 잘 하지 않는 친군가 보군…."

　　방바닥을 쓸고 난 다음 걸레를 빨아 다시 방으로 들어 갔을
때, 190cm쯤 돼 보이는 장신의 백인이 눈에 들어왔다. 오뚝한
코가 거만해 보였지만, 눈이 선했다. 긴장을 풀고 먼저 다가가
인사했다. "I'm freshman from korea majoring in international
politics. Kye re Lee, 李克瑞 in Chinese. Pleased to meet you."
중국어를 잘 모를 것 같아 종이에 내 이름을 써줬다.

　　그러자 그는 "I'm from France, studying in the CCER(China
center for economic) as a visiting student. My name is 罗哲文. 罗马的
罗, 哲学的 哲, 文学的 文(프랑스에서 왔고 중국경제연구소에서 방문학생으로 공
부하고 있어. 중국이름은 로철문이야. 로마의 로, 철학의 철, 문학의 문)."이라고 대답했
다. 그는 자신의 이름이 로마의 철학과 문학을 뜻한다며 자랑

스러워했고, 말투는 유머러스했다. 또한 냉소적인 외모와는 달리 다양한 표정을 갖고 있어 사람을 편하게 했다.

그의 프랑스 이름은 로마인이라는 뜻을 가진 '호마(Romain)'였다. 호마의 중국어 억양은 프랑스어를 듣는 것 같았지만 의사 전달에는 문제가 없었다. 함께 청소를 하고 교내식당에서 저녁식사를 했다.

나보다 3살 많은 호마는 철학자의 리듬을 이미 터득한, 생각이 깊은 형이었다. '파스칼은 과학자이기 전에 위대한 문학가'라며 자기 전에 항상 《팡세》를 읽는다고 했다. 책을 읽그 난 뒤에는 논리의 완벽함을 체험한다며 두 손을 완전 대칭으로 가슴 위에 올려놓았다. 형은 그렇게 천장을 바라보다 잠이 들곤 했다.

데카르트를 좋아한다고 말한 나에게, 형은 자기에게 한 수 배워야 된다고 했다. 데카르트와 파스칼. 두 철학자의 한 지붕 밑의 삶은 이렇게 시작됐다.

그놈과의 대화

그리스 철학자들은 대화야 말로 깨달음을 얻을 수 있는 가장 효과적인 방법이라 믿었다. Dialogue

(대화)는 상호라는 뜻의 'Dia'와 이성의 뜻을 가진 'Logue'의 합성어로 Logue의 어원은 logos다. 그리스 현인들은 로고스를 추구하는 사람들이었다. 소크라테스는 저서를 남기지 않았지만, 그의 제자 플라톤이 그의 언행을 기록하였다. 그가 수많은 사람들과의 대화를 통해 깨달음을 얻는 과정을 그린 《대화》라는 책이다. 호마 형과의 추억 중에 가장 기억에 남는 것은 단연 그와의 대화다.

우리의 대화는 대체로 호마 형이 리드하는 형태였다. 경제 이론, 철학, 교육제도, 운동, 섹스 등 다양한 주제를 다루었다. 영화 〈뷰티풀 마인드〉에서 이해되지 않는 존 내쉬 균형이론을 '죄수의 딜레마(dilemma of prisoner)[28]'라는 예를 들어가며 쉽게 설명해주었다.

버락 오바마 미국 대통령의 경제정책을 연구할 때는 가장 기본적인 프레임을 알아야 한다며 아담 스미스, 마르크스 그리고 케인즈의 경제이론이 잘 정리된 〈*The Big Three in Economics*〉 원서를 구해다주었다. 철학을 다시 체계적으로 공부할 때도 심오한 사상들이 소설 형식으로 재미있게 풀린 〈*Sophie's world*〉 원서를 선물해주었다.

프랑스 교육제도와 하버드 운영체제도 알려주었고, 집에서

★★ 28) 게임 이론의 대표적인 예

혼자 몸을 만들고 수영을 배우는 법도 가르쳐 줬다. 성 지식을 많이 알면 알수록 젊은 사람들이 더욱 더 신중하고 건전하게 섹스를 할 수 있다는 것이 증명됐다며 자신의 해박한 성 지식을 뽐내기도 했다. 콘돔을 사용하지 않으면 생길 수 있는 질병과 위험들, 여성의 발기부위인 클리토리스를 다루는 법, G스팟의 위치, 체형에 알맞은 섹스자세 등 정말 많은 것을 알려주었다.

한여름 저녁, 형이 기숙사에 돌아오면 함께 수박을 먹으면서 미국시트콤 〈프렌즈〉를 즐겼는데, 어느 날은 극중 엉뚱한 캐릭터를 맡은 프랑스 여자 피비가 불어를 했을 때였다. 내용은 기억나지 않지만 언어의 흐름이 너무 듣기 좋아서 나도 모르게 "프랑스어는 정말 아름답다"고 말했다. 호마 형은 드라마를 보다 말고 물 만난 물고기 마냥 언어에 대한 이야기를 늘어놓았다.

"프랑스어는 낭만적이기도 하지만 정확해. 사람뿐만 아니라 물건에도 성별이 있는 것을 봐도 그렇고. 정확성을 요구하는 외교문서를 불어로 많이 작성하는 건 그런 이유에서지. 하지만 정확성으로 따지면 독일어가 으뜸이지. 독일어는 철학의 언어야. 한마디로 요약하자면 프랑스어는 외교, 독일어는 철학, 영어는 비즈니스를 위한 언어지. 한국어는 무슨 소용이 있지? 한국인들끼리만 모여 다니기 위해서?"

누가 프랑스인 아니랄까봐 꼭 그렇게 비아냥거려야 속이 시원한가 보다. 본인은 또 이것이 바로 프랑스의 풍자 전통이라며 자랑한다. 대부분의 한국 유학생이 한국인 공동체에서만 생활한다는 그의 지적이 뜨끔하면서도 한국어의 아름다움과 실용성을 모르는 형이 안타깝고 화가 났다.

"형, 한국어는 정말 아름답고 유용한 언어야."

"알아, 알아. 사랑해~, 고마워~" 형은 계속 비비 꼬아댔다.

"한국어는 소리를 아주 간단하게 표현할 수 있기 때문에 유엔에서도 언어가 없는 나라에 한국어를 추천한다고 하더라고. 문자가 없는 인도네시아 바우바우시의 찌아찌아족도 한글을 자신들의 문자로 채택한 사실을 형 같은 야만인이 알기나 할까?"

그 후로의 대화도 내가 형에게 일방적으로 배우며 이루어졌고, 나는 자연스럽게 프랑스인들의 풍자를 즐기게 되었다. 문제를 직설적으로 표현하고 신랄하게 비판할 수 있는 것은 서로 신뢰를 가지려는 혹은 이미 가진 사람들끼리 나눌 수 있는 소통의 기쁨이었다.

기숙사, 도서관, 카페

호마 형은 파리사범대학교 방문학생이었다. 방문학생들은 대부분 1년의 장학금을 확보한 상태라 학점관리를 하지 않아도 됐다. 하지만 형은 공부를 결코 소홀히 하지 않았다. 형과 함께 기숙사, 도서관, 카페를 넘나들며 공부했다. 형은 프레젠테이션 준비 아니면 논문을 쓰느라 바빴고, 나는 신입생답게 리포트 하나를 완성하는 데도 끙끙 앓았다.

리포트 쓰는 법, 주제에 맞게 자료 찾는 법 등 형은 바쁜 와중에도 틈틈이 짬을 내어 지도해주었다. 내가 유일하게 형을 도와준 건 HSK 6급을 딸 때 무료과외를 해준 것이다. 작은 보탬 덕분에 형은 시험에 합격했고, 그 뒤로 난 형의 친구를 만날 때마다 '걸어 다니는 중국어사전'으로 소개됐다. 기말고사 때는 형과 함께 카페로 향했다. 새벽 5시까지 공부하고 맥도날드에 들러 아침을 해결하고 돌아갔다. 돌아오는 길에서 나눈 대화는 조금 더 진솔했다. 프랑스에서의 성장과정, 고향이야기, 부모님 이야기 등 우리는 서로의 이야기를 허심탄회하게 털어놓았다. 나는 형과 점점 더 가까워지는 것을 느낄 수 있었다.

두 철학자가 공부만 한 건 아니다. 우리에게도 여가생활이라는 게 있었다. 중간고사, 기말고사 후에는 클럽에 갔다. 주

말에는 피자를 먹으며 영화를 보고, 저녁식사 후에는 여름에
는 수박, 겨울에는 유자[29])를 먹으며 〈프렌즈〉, 〈로마〉와 같
은 드라마를 즐기기도 했다. 그중 영화는 또 하나의 대화주제
였다.

베이징대 서문에는 '냐오차오(鸟巢)'라는 피자집이 있다. 이곳
은 저렴한 가격에 엄청난 양을 자랑한다. 서문에 위치해서 다
들 '시먼[30])피자'라고 부른다. 주말에 공부를 하다가 누군가 지
치면 한 사람이 먼저 사인을 보냈다. 두 사람 모두 찬성하면
나는 영화를 각자의 침대에서 볼 수 있도록 세팅하고 형은 피
자를 시켰다. 중간 사이즈만 시켜도 영화가 끝날 때까지 먹을
수 있다. 그래도 형이라고 가격부담은 7:3이다.

같이 본 영화는 대부분 호마 형의 추천작이었다. 〈록 스탁
엔 투 스모킹 베럴스〉는 영국의 신예 가이 리치 감독의 데뷔작
이다. 재기 발랄하고 영국 특유의 시니컬함이 곁들여진 유쾌
한 영화로 구성이 깔끔하고 템포가 빠르다. 보면서 중간마다
말 그대로 빵빵 터졌는데, 프랑스 풍자뿐 아니라 영국식 유머
도 소화한다며 내게 유럽인의 피가 흐른다고 놀려댔다.

★★ 29) 유자는 노란색 빛깔을 띠며 울퉁불퉁하고 두꺼운 껍질을 가지고 있다. 향이 좋고 단
맛보다는 신맛이 강하다. 원산지는 중국 양쯔강 상류이며 한국에는 신라시대 장보고에 의
해 전파되었다고 한다.
★★30) 西门, 서문을 음역한 것

또 하나 기억에 남는 영화는 윌 스미스 주연의 〈나는 전설이다〉다. 이 영화는 리처드 매드슨의 호러 소설을 세 번째로 영화화한 작품이다. 윌 스미스의 구릿빛 근육과 액션연기도 일품이고, 행동과 표정 중심으로 인간의 심리를 표현하는 새로운 연기 시도도 훌륭하다. 무엇보다도 소설과 영화의 언어를 비교하는 재미는 이루 말할 수 없다.

완성된 영화와 시나리오의 차이는 매우 미세한 반면 완성된 영화와 원작소설 사이의 틈새는 소설을 재조명하는 감독 마음에 달려있다고 생각한다. 영화와 시나리오의 차이에서 느껴지는 현장과 작가와의 팽팽한 긴장감이, 영화와 소설 사이에서는 감독의 상상력에 의해 때론 긴박해지고 때론 완화된다. 그런 긴장감의 변화에서 보여지는 영화감독과 소설가의 스타일 차이야 말로 소설과 영화의 언어를 비교하는 묘미라 할 수 있겠다. 이 영화를 시작으로 원작소설을 본 뒤에는 항상 영화의 언어로 번역해 보고 영화를 즐겼다. 풀리처상을 받은 존 스타인벡의 〈분노의 포도〉가 그러한 경우이다.

형이 추천한 영화는 모두 상업적으로 혹은 예술적으로 훌륭한 영화들이었다. 그에 맞서 내가 야심차게 내세운 작품들은 바로 박찬욱 감독의 '복수 3부작'이었다.

〈올드보이〉는 예상대로 프랑스 칸 영화제 심사위원대상을 받은 만큼 호마 형의 시선을 사로잡았다. 나도 다섯 번이나 보았지만 숨을 죽이며 다시 보았다. 두 철학자는 이 영화에 매료되었다. 형은 영화가 끝나고 한국에도 이런 철학자가 있냐며 극찬을 했고, 다음에 박찬욱 감독의 다른 작품을 보자며 흥분했다. 〈친절한 금자씨〉는 우리 둘 모두 박찬욱 감독의 과도한 표현욕심을 지적했고, 〈올드보이〉보다 훨씬 온순한 복수극에 감상 포인트를 두었다. 잘 알려진 "너나 잘하세요"보다 오광록의 "블란서에서는 이렇게 말이 끊어질 때는 천사가 지나가는 거라고 그러던데"라는 대사가 기억에 남는다. 썰렁해진 프랑스 친구들과의 식사자리에서 써먹은 적이 있기 때문이다. 〈친절한 금자씨〉에서 실망한 턱에 〈복수는 나의 것〉은 혼자 보고 말았다.

때론 유쾌한 영화, 때론 진지하고 깊은 영화를 보면서 최고의 휴식시간을 보냈다. 호마 형 덕분에 아카데미 수상작만 보는 두려움을 떨쳐버리고 영화의 바다에 내 몸을 맡겼다. 그리고 영화 뿐만 아니라 사람도 유쾌함과 진지함이 함께 해야 한다는 것을 알았다. 언제나 철없이 웃었던 유목민, 수확 때를 제외하면 표정이 없었던 정착민, 이제 가면까지 쓴 철학자의 얼굴에 해맑은 미소가 다시 번지고 있다.

캠퍼스 밖의 생활, 그리고 친구들

나의 1학년 주 활동범위는 캠퍼스와 그 주변이었다. 주말도 마찬가지였다. 단 예외가 있다면 중간, 기말고사 후와 장기휴일[31]이다. 시험이 끝나면 항상 클럽에서 그동안 쌓인 스트레스를 풀어주었고, 중국의 '10.1 국경일'이나 '5.1 노동절'과 같은 장기휴일에는 형 친구들과 함께 여행을 갔다. 가끔 돈이 모자랄 때도 있었지만, 그때마다 형이 빌려주어서 휴가를 즐길 수 있었다.

호마 형은 장학금을 받음에도 불구하고 수학과 경제학전공을 살려 아르바이트를 했다. 주중에는 프랑스 대사관에서 중국경제 연구원으로 일했고, 주말에는 프랑스 유학생들에게 수학을 가르쳤다. 장학금 외에 다른 수입도 짭짤해서 너가 돈이 필요할 때마다 빌려주곤 했다. 나는 매번 약속 날짜에 맞춰 돈을 갚아서 신용도 높은 고객이 되었다. 돈을 갚을 때는 이자 대신 주말에 먹을 피자 값을 5:5로 지불했다. 내 친구들에게는 형을 '걸어 다니는 은행'이라고 소개해주곤 했다.

대화, 공부, 영화… 모든 면에서 형은 나에게 일방적으로

★★ 31) 중국의 공휴일(주말 제외)은 한국처럼 각 달로 분산된 것이 아니라, 노동일, 국경일 같은 큰 기념일에 모여 있다. 일반적으로 일주일 쉰다.

베풀었다. 친구도 마찬가지였다. 지금까지 친하게 지내는 외국친구들은 형과 함께 클럽이나 여행을 가서 만난 친구들이다. 케빈 스게이라는 프랑스친구는 이름 때문에 '게이'라는 별명이 붙여졌다. 잘생긴 케빈은 노는 걸 정말 좋아했다. 그와 함께 클럽에 가면 여자를 유혹하는 법도 배울 수 있고 노는 내내 유쾌하다.

착한 일본친구 쇼다이와 프랑스친구 말라와 사하는 국경일 청도 여행에서 만났다. 법대생인 쇼다이는 일본민법을 연구하러 중국에 왔다고 했다. 프랑스와 독일법의 영향 때문에 잃어버린 일본민법의 정체성을 중국에서 찾아보겠다는 것이다.

1900년 이전의 중국민법은 일본민법과 거의 다를 바 없을 정도로 일본의 영향을 많이 받았다는 이유에서다. 그는 연구를 하기 위해 중국어를 배우는 중이었다.

호마 형의 '걸어 다니는 중국어사전'이라는 소개 덕에 쇼다이의 숙제를 몇 차례 도와주었다. 나 역시 법과 일본어에 대한 궁금증은 쇼다이에게 자문을 구했다. 말라는 모범생 같은 외모와는 달리 노는 것을 무척 좋아한다. 그는 양의 탈을 쓴 케빈이다. 여행 기간 동안 정치학 전공인 그와 많은 대화를 나누고 싶었지만, 유럽문화에 대해 이해하려면 플라톤에 대해서 깊게 연구하라는 조언 한마디만 남기고 쉴 틈 없이 노는 데 정신이 없었다.

사회학 전공인 사하는 언어에 관심이 많았다. 알파벳 문화권의 유리함을 살려 프랑스어와 영어는 물론이고 독일어, 이태리어, 스페인어까지 모두 능통하다. 중국어를 배우려고 유학을 선택했는데, 중국어까지 배우면 사하는 세계에서 가장 많이 쓰는 3대 언어(인구 순으로 중국어, 영어, 스페인어)를 구사하는 스펙을 갖게 된다. 내가 프랑스어를 배우게 되면 과외를 해달라고 부탁했는데 서로 시간이 부족하다는 핑계로 지금까지 미뤄졌다.

그리고 크리스마스 파티 때 만난 스탠퍼드 출신의 독일친구 알렉스, 중국계 프랑스친구 슈통은 형이 떠난 후의 텅 빈 허전함을 메워주었다. 생각해보면 꼭 자기가 떠날 날을 대비하여

★★ 칭다오에서 만난 친구들. 왼쪽에서부터 타오위쇼우, 김현지, 사하, 말라, 나, 쇼다이

이 친구들을 소개시켜준 듯하다

'걸어 다니는 은행'의 경험이 유용했는지 형은 지금 파리의 한 은행에서 인턴을 하며 석사과정을 마치고 있다. 베이징대에서 1년 동안 얻은 좋은 성적 덕분에 박사과정의 입학허가를 받았다고 한다. 베이징대에 돌아오기 전 버클리 등 미국 대학에도 지원서를 내볼 생각이라고 했다. 베이징에서 재회하기 전에 내가 프랑스에 가거나 형이 한국에 와서 만나자고 했다. 나는 그날만을 고대하고 있다.

또 한 명의 철학자 간디와의 만남

호마 형이 떠난 후 내 방에는 또 다른 프랑스 출신 룸메이트가 들어왔다. '프랑스 사람들과 정말 인연이 깊은가보다'고 생각했는데, 여자친구와 동거해서인지 한 학기 동안 방에 세 번 찾아왔다. 두 번은 배드민턴 라켓을 가지러 왔고, 또 한 번은 내게 기타를 가르쳐주러 왔다. 그러나 대화가 없으면 추억도, 철학도 생기기 힘들다. 나는 독방을 쓰며 홀로 고뇌하는 철학자가 됐다. 본래 철학자는 외롭다.

기숙사와 도서관을 넘나들며 학습에만 전념하며 외로움을 달랬다. 그때 또 한 명의 철학자가 내게로 왔다. 스레이칸이라는 인도친구였다. 그는 인도에서 경제학 학사학위를 받고 지금 베이징대에서 국제정치학 석사과정을 밟고 있다. 전에 호마 형과 경제학 문제를 토론하기 위해 우리 방에 몇 번 찾아왔지만 그땐 나와 별로 친하지 않았다.

'걸어다니는 중국어사전'이라는 호마 형의 소개 덕분이었는지, 어느 날 나에게 찾아와 논문을 수정해 달라고 부탁했다. 그는 굉장히 진지했다. 책과 다큐멘터리를 보며 종교 인종, 역사, 국제정치이론 등에서 자신만의 체계를 구축하그 있었다. 외모도 인도의 국부 간디를 쏙 빼닮은데다가 학문에 대한 진지함도 넘쳐 '간디지'라는 별명을 지어주었다. 같은 건물, 같은 층에 살아서 시간만 되면 언제든 만날 수 있었다. 그렇게 또 다른 철학자와의 대화는 시작되었다.

우리의 대화는 대부분 형의 논문을 통해서였다. 첫 번째는 독후감이었다. 국제정치이론 수업에서 중간고사로 득후감을 채택했는데, 형은 영국학파 현실주의의 대표인 허들리 불의 《무정부 사회》를 읽었다. 형은 논문을 쓸 때 중국어로 바로 쓰지 않고 영어로 쓴 것을 번역했는데, 나는 번역과정에서 생긴 문법과 표현의 문제들을 짚어주었다. 그 뒤로도 '국가안전에 대한 원리주의 복음교회의 영향', '일본 국가안전 전략의 변화' 등의 주제로 토론을 하면서 형의 번역을 도와주었다.

호마 형과의 대화는 대부분 일방적이고 주입식이었던 반면

스레이칸 형과는 항상 서로의 의견을 묻고 조율했다. 스레이
칸 형을 도우면서 '도움의 공부법'을 터득했다.

'동아시아 공동체'에 대한 발표가 바로 그 실례이다.

2009년 9월 일본 민주당 히토야마 유키오 내각이 54년 만에
일본 정권을 교체했다. 그가 주장한 '동아시아 공동체'는 모든
국제정치 전공수업에서 한 번쯤 거론되었다. 심지어 시사토론
을 자주하는 '중국어신문독해(中文报刊阅读)'와 '전문중국어(专业汉
语)' 수업에서는 '동아시아 공동체'를 3시간 분량의 토론주제로
다뤘다. 그때 나는 인도친구를 도운 덕분에 '동아시아 공동체'
의 논쟁거리 중 하나인 미국의 동아시아 공동체 참가여부에

대해 허들리 불의 현실주의 이론과 '일본 안전전략' 토론 때의 내용을 빌려 나만의 견해를 밝혔던 기억이 있다. 깔끔한 논리로 발표했던 짜릿한 순간이었다.

베이징대에는 스레이칸 형처럼 인도와 같은 개발국가에서 온 학생들이 있다. 이들은 대부분 중국 전문가가 되어 모국으로 돌아가 외교관이나 중국관련 교수가 된다. 또 정부 간의 외교관계 개선을 위해 파견되는 개발국가 고위간부들의 자녀들도 있다. 중국의 비상을 주목하고 있는 미국 역시 각종 대학 교환프로그램을 통해 양국의 미래를 설계하고 있다.

호마 형처럼 중국문화의 신비로움에 매료되어 유학은 유럽, 미국학생들도 많다. 그들은 중국최고 학부에서 공부한 경험으로 저명한 한학자(漢學者)가 되거나, 정치, 행정, 언론, 경제, 금융, 문화, 예술 등 각 분야의 중국전문가가 된다. 그리고 최치원 선생처럼 멀고도 가까운 중국을 연구하러온 한국 유학생들도 있다.

그리고 각양각색의 꿈을 갖은 세계의 인재들 속에서 외교분야의 중국 권위자를 꿈꾸는 한 촌놈이 있다.

철학자의 창가 너머

　　　　기숙사, 도서관 그리고 카페 안에서
독서와 대화로 이끌었던 나만의 논리. 외부로 노출되는 거리
에서조차 독서 혹은 대화를 하지 않을 때면 철저한 사색을 위
해 머리를 묶고 선글라스를 썼다. 그리고 쓰디쓴 아메리카노
를 들이키며 입을 가리고 고독한 현실을 직시했다. 이렇게 하
나에만 몰입하는 태도는 수용소 같은 고3 시절이 내게 남겨준
향기였다. 그러나 갇힌 공간에서 홀로 사색하면 사고가 편향

★★ 외부로 노출되는 거리에서조차 독서 혹은 대화를 하지 않을 때면 철저한 사색을 위
해 머리를 묶고 선글라스를 썼다.

되기 쉬웠다. 생각과 경험을 넓히고 객관화하기 위해 베이징
대의 수업을 듣고, 시험을 치르며, 각종 동아리에 참여하는 등
'철학자 창가 너머의 삶'에도 관심을 가졌다.

국제관계학원(国际关系学院)[32] 유학생을 위한 '전문중국어', '중
국어신문독해' 그리고 '유학생 영어'는 신문, 잡지에 실린 기
사를 교재 삼아 진행하는 수업이다. 기사의 내용은 주르 대중
적 관심을 끄는 국제이슈들이다. 기사 속의 전문용어, 표현방
법 등의 언어 포인트를 익히는 것은 물론이고 뉴스의 이론적
배경, 원인, 과정, 파급효과에 대해 공부하고 토론한다. 중국
어와 영어실력은 토론 준비와 토론 참여도에 따라 자연스럽
게 향상된다. 동시에 시사에 대한 관심과 토론습관도 기르게
된다.

중국학생들과 함께 하는 국제정치학과 전공필수 과목들은
더 이론적이고 전문적인 지식의 응용능력을 강조한다. 중국정
치개론 교수님은 "중국은 앞으로 10년 동안 위대한 경제성장
을 이룩하겠지만, 경제발전에 걸맞은 정치개혁을 하지 못하면
공산당의 일당집권도 위험할 수 있다"는 명제를 중국정치의

★★ 32) 중국의 학원은 한국의 학부와 같다. 국제관계학원에는 국제정치계(系), 외고계, 국제정
치경제계가 있다. '계'는 한국의 '학과'와 같은 개념이다.

현황과 역사적, 제도적, 국제정치적 배경 등의 각도로 체계적으로 설명한다. 지난 세대 중국인의 고민이 생생히 전달되는 시간이다.

'등소평이론개론', '모택동 사상' 그리고 '중국대외 관계사' 수업은 이 과제의 결론을 도출하는 데 필요한 내부적인 흐름과 외부적인 환경에 대해 파악할 수 있다. 국제정치개론 교수님은 '왜 국제정치의 핵심이 국가이익과 국가역량이며, 왜 국제정치의 핵심화제는 전쟁과 평화인가?'에 대해 사고할 수 있도록 국제정치의 기본개념들과 이론에 대해 체계적으로 소개한다.

국제조직 교수님은 '왜 국제조직이 협력을 통해 국제평화를 유지할 수 있는가?'에 대해 이론과 실례로 증명할 수 있기를 요구했다. 국제법 교수님은 "설사 국제정치의 핵심이 국가이익과 국가역량이라 할지라도, 정의와 평화를 지키기 위해 탄생한 국제법은 국제정치와 함께 발전하며" 이어서 "국제사회의 안정과 발전을 위해 일정한 공헌을 해왔다는 결론을 수많은 법률판례를 통해 이해하길 바란다"고 말했다.

설사 우리가 대학 시절에 배운 전공지식이 앞으로의 직업과 직접적인 연관이 없다고 해도, 선생님들께서는 전공 과목을 통해 우리가 프로 정신을 갖기를 바란다. 위의 전공 과목들이 '밥'과 '국'이라면 교양 과목들은 풍부한 '반찬'과 같다. 베이징 대의 교양 과목들은 학생들이 자연과학, 사회과학, 철학과 심 리학, 역사학, 문학과 예술분야의 다양하고 풍부한 '영양'을 섭취하기를 바란다. 즉 학생들이 프로의 삶을 사는 동시에 진 정한 문화인이 되기를 원하는 것이다.

프랑스의 풍자유머로 친구들과 웃음을 나누고, 바흐의 음악 으로 영혼을 정화하며, 셰익스피어의 정신으로 사랑을 실천하 고, 법률과 윤리로 선과 악을 심판한다. 또한 피타고라스의 수 (數)의 신비로 이성적인 사고를 훈련하고, 서양의 철학을 근본으 로 한 세 차례의 과학혁명과 그 후의 변화한 세상을 알아간다.

새 학기가 시작되면 베이징대의 삼각지(三角地)[33]에서는 동아 리 회원모집 경쟁 '백단대전(百团大战)'이 펼쳐진다. 국제적 리더 를 꿈꾸는 학생들에게는 모의유엔(MUN), 행정업무처리 능력 향상을 위한 학생들에게는 각국의 학생회 부서, 산의 매력을 느끼고 그 정기를 받고 싶은 자에게는 산악동아리 '산응사(山鹰 社)', 아름다운 삶의 매 순간을 렌즈에 담고 싶어 하는 자에게는

★★ 33) 삼각지는 베이징대 백년대강당 옆에 위치한 삼각형 모양의 거리다. 새학기가 시작될 때면 이곳에서 각 동아리들이 임원모집을 한다.

'스냅'이 있다. 또한 토론을 사랑하는 사람들에게는 '논객'과 '지앤화(智&话)', 한국의 정신을 음악으로 표현하고 싶은 사람에게는 '얼쑤', 삶의 다양함을 색다른 캐릭터로 표현하고픈 학생들에게는 '데자뷰', 자신의 내면을 아름다운 화음으로 표현하고픈 학생들에게는 '소리 하나'가 있다.

베이징대는 알찬 젊음의 검증으로 여느 학교와 다름없이 시험을 본다. 교수님들께서는 강조하신다. "시험은 시험 자체를 위한 시험이 아니고, 학생들을 곤경에 처하기 위한 것도 아니다. 시험은 오로지 공부했던 것의 핵심을 복습하기 위해 존재한다."

학문이란 끊임없는 수양이라는 것을 강조하는 메시지다.

그러나 나는 아직 '철학자 창가 너머'의 삶에 나를 온전히 맡기지 못했다.

① 담임선생님과 모든 것을 터놓고 상담할 수 있었던 중고등학생 시절과는 달리, 특별히 친해진 교수님이 없었다. 이는 학교에 대한 소속감뿐 아니라 실질적인 학교생활, 그리고 앞으로의 진로에까지 큰 손해가 될 것이다.

② 영화에 입문했을 때 안전성을 위해 아카데미 수상작만을 고집했던 것처럼, 수업선택에 있어서도 너무 평면적이고 소극적이었다. 전공필수 과목과 전교 필수 과목은 어쩔 수 없지만, 전공선택 과목과 교양 과목은 순전히 나의 몫이다. 1·2학년 때는 한 학기에 필수 과목 외 전공선택 과목과 교양 과목 하나 정도를 들을 수 있는데, 나는 모험을 하지 않기 위해 항상 전공선택 과목은 역사종류의 수업, 교양 과목은 개론종류의 수업을 선택했다. 물론 학점을 관리하는 것은 중요하지만, 남들보다 더 열심히 준비해서 능동적으로 선택에 임하지 못한 것이 못내 부끄럽고 아쉽다.

전공선택 과목에서는 과제물과 시험이 많은 강의를 택해 교수님과 부지런히 대화하면서 글쓰기 능력과 전문성을 철저히 단련시킬 수도 있고, 교양 과목에서는 내가 정말 관심을 갖고 있는 분야의 수업을 선택해 즐겁고 신나게 공부할 수도 있었지 않은가?

③ 호마, 스레이칸 형과의 대화를 통해 토론이 난해하고 방대한 양의 공부를 효율적으로 소화하는 방법이란 것을 깨달았음에도 불구하고, 나는 스터디 그룹에 적극적으로 참여하지 못했다. 교수님께서 직접 짜주신 스터디 그룹도 있고, 학생들끼리 만든 그룹도 있었지만, 나는 그 어디에도 큰 열정을 갖지 않았다.

④ 일본, 중국, 몽골에서 생활했던 경험, 프랑스 룸메이트와 한 지붕

에서의 생활, 일본 사촌동생들. 어린 시절부터 길러진 언어감각과 환경적인 요소로 일어, 불어, 러시아 등에 도전할 기회가 충분함에도 나는 그 어느 것도 시도하지 않았다.

⑤ 동아리란 본래 자기가 정말 하고 싶은 일이나 앞으로 큰 도움이 될 경험을 하기 위해 참가하는 모임이라고 생각한다. 정말 좋아하는 산악동아리는 공부를 핑계로 한 학기를 못 넘겼다. 토론능력향상과 국제적 시야를 넓히기 위해 들어간 토론동아리 '논객'과 '모의유엔(MUN)'에서 큰 성과를 내지도 못하고 휴학을 해 아쉽기만 하다.

⑥ 정부장학금을 받으며 공부하는 호마 형, 스레이칸 형, 전 한국어과 회장인 허시(賀曦) 형 등 이미 대학 생활에 성공한 선배들과 친했음에도 불구하고 이상의 어떤 문제에 대해 진지하게 이야기하지 못한 게 후회스럽다.

즐거웠던 철학자의 '대화', 유익했던 '철학자 창가 너머의 삶' 덕분에 나의 눈과 마음이 서서히 열리기 시작했다. 그리고 그 새로 가늘게 들어오는 빛을 통해 '세계와 인간에 대한 체계를' 바로 가져보려고 노력했다. 더 넓은 세상을 향해 그해 겨울 나는 배낭여행을 떠났다.

이제는 눈물이 내린다

갑자기 주체할 수 없는 '리비드(Libido)' 때문에 밖으로 뛰쳐나갔다.

'Shall I compare thee to a summer's day?' 영국에 도착하면, 셰익스피어의 소넷을 감미롭게 노래하며 멋진 여자를 유혹해 보는 것도 좋을 거라며 나를 놀렸던 어머니의 미소가 그려졌다. 순진했던 나는 셰익스피어의 가장 아름다운 소넷 18번을 외우고 또 외웠다.

대학교 첫 학기를 마치자마자, 어머니께서는 영국을 시작으로 이제는 홀로 해외여행의 첫걸음을 떼보라며 학원비조로 모아둔 돈을 건네주셨다. 그것은 초중고 시절 학원을 보내지 않는 대신 세계여행을 보내주겠다는 어머니의 약속이었다.

히드로 공항에 도착해 어리둥절 입국심사를 마치고 지하철을 탔다. 레고 장난감처럼 귀여운 기차는 우리나라 것보다 낡았지만, 움직이는 시간을 이용해 하나같이 책을 읽고 신문을 보는 런던사람들의 모습은 매우 인상적이었다. 과연 셰익스피어, 비틀즈와 조앤 롤링의 해리포터를 탄생시킨 영국다웠다. 설레는 마음에 잠을 제대로 이룰 수 없었다.

다음날, 빵과 시리얼로 조촐하게 아침을 먹고, 하루 스케줄을 짰다. 그리고 여유롭고 경제적인 여행[34]을 즐기기 위해 매일같이 러시아워를 피해 호텔 근처의 공원에서 산책을 했다. 런던은 대중교통이 잘 되어있어 'One Day Travel Card'를 가지고 대부분의 관광명소가 모인 존(Zone)을 마음껏 돌아다닐 수 있었다.

여행 중 2~3일이면 런던의 웬만한 곳은 다 갈 수 있고, 남은 하루로 옥스퍼드대나 캠브리지대에도 들를 수 있었다. 역사와 전통을 중요시하는 영국인들의 모습을 상징적으로 볼 수 있는 버킹엄 궁전(Buckingham Palace), 의회 민주주의의 발상지인 웨스트민스터 국회의사당(Westminster Houses of Parliament), 그리고 육중한 자태로 사람을 압도하는 빅벤(Big Ben). 런던 아이(London Eye), 밀레니엄 브릿지(Millennium Bridge), 테이트 모던(Tate Modern), 타워 브릿지(Tower Bridge), 템즈 강(River Thames)을 따라 이어지는 런던의 모습은 마치 지난 날 보았던 영화를 재구성한 영상 같았다.

〈러브액추얼리(*Love actually*)〉, 〈이프온리(*If only*)〉, 〈매치포인트(*Match Point*)〉, 〈클로저(*Closer*)〉 등. 왜 수많은 멜로 영화들이 런던배경을 선호하는지 알 것 같았다.

★★ 34) One Day Travel Card는 오전 9시 30분을 기준으로 peak와 off peak로 나뉜다. 가격은 7.2파운드와 5.6파운드다.

그중의 대표작이라 할 수 있는 〈노팅힐(*Notting Hill*)〉의 촬영지에도 가보았다. 남자주인공이 살고 있었던 파란대문의 집을 어렵사리 찾았는데, 대문은 이미 검정색으로 칠해져 영화 속의 낭만을 찾아보기란 어려웠다. 실망감을 안고 그가 운영했던 여행서적을 판매하는 서점 'The Travel Book Shop'으로 발걸음을 옮겼다. 다행히도 그곳은 영화의 대사를 떠올리게 할 만큼 무드가 그대로 살아있었다.

나는 남자주인공을 맡았던 휴 그랜트가 서있던 바로 그 자리에 섰다. 극 중 할리우드 톱스타였던 안나 스코트(줄리아 로버츠)가 나에게 말하는 것 같았다.

★★ The Travel Book Shop 앞에서

"잊지 말아요. 난 단지 여자일 뿐이라는 걸. 한 남자 앞에서
사랑을 구하는⋯."
　셰익스피어의 소넷을 읊조리며 피카델리 거리를 오가고, 코
벤트 가든의 상점 속 여인을 훔쳐보며 나도 휴 그랜트처럼 운
명적인 만남을 기대해보았지만, 한 겨울의 꿈에 불과했다. 이
제 와서 고백하건데 사실 그때 나는 영국의 빨간 2층 버스와

★★ 셰익스피어가 일했던 Global Theater 앞에서

지붕, 낯선 분위기, 멋진 영국식 발음에 심취해 여자는커녕 주체할 수 없는 내 감정에 사로잡혀 모든 것을 잊고 있었다.

세계여행자들과 함께 갤러리, 미술관에서 근·현대미술에 흠뻑 빠지기도 하고, 맥주와 뮤지컬로 하루를 마치기도 했다. 그리고 여러 박물관에 들러 유럽문명의 발자취를 따라가 보기도 했다.

청양골 촌놈의 서투른 첫 유럽 나들이였지만 여행을 다녀온 뒤, '세계'는 단순히 문자가 아니라 '실체(實體)'라고 인식됐다. 국제정치에 있어 영국에서의 시간이 내 판단의 한 축이 되어 영국의 의미와 영향력, 셰익스피어와 영어권문화, 서양미술 속에 담긴 유럽인들의 정신 등 고등학교 때의 협소한 사고의

체계에서 벗어나 내 생각과 마음을 온전히 열기 시작했다. 런던이 애틋한 그리움으로 날 찾아올 때면 어머니께서 자주 하시는 말씀이 떠올랐다.

"겨레야, 더 넓고 깊게 사색하기 위해서는 모험을 떠나야 한단다. 우리 인생에서 여행보다 더 훌륭한 수업은 없어."

그리고는 뜻하지 않게 터키 행 비행기를 타게 됐다.

터키는 로마, 비잔틴, 오스만제국을 거쳐 다양한 역사와 문화가 거쳐간 곳이다. 그래서 유럽과 아시아 문화가 혼합된 신비한 나라이기도 하다. 터키의 이스탄불에서 단연 인상적이었던 곳은 '아야소피아'라는 비잔틴 건축의 대표적인 성당이었다. 아야소피아는 기독교와 이슬람교가 절묘하게 공존하는 하

★★ 천재적인 발상으로 만들어진 아야 소피야의 지붕은 마치 천국 같았다.

나의 박물관 같았다.

나는 이곳의 아름다움에 넋을 잃고 있다가 운 좋게 아야 소피아에 대해서 연구 중이던 한 신부님을 만나 이곳에 대한 한층 깊은 설명을 들을 수 있었다. 아야 소피아의 아름다움을 가능케 했던 건 그리스 후예였던 두 비잔틴 건축가의 천재적인 발상이었다. 정사각형의 건물 본체와 거대한 돔을 이어주는 네 개의 반원형 돔. 그리고 그 주위에 설치된 수많은 창문들 때문에 돔은 마치 하늘에 떠있는 천국 같았다.

비잔틴 사람들의 섬세한 조각솜씨는 내부의 아름다움을 더했다. 눈부시게 빛나는 가브리엘 천사, 금빛으로 모자이크된 '성모자와 황제가족'은 한때 오스만제국의 침략에 의해 회교사원으로 변모하면서 아름다운 그림과 조각들이 회칠되었다. 내가 이곳에 왔을 때는 복원작업에 의해 화려한 비잔틴시대의 흔적들이 대부분 모습을 드러내고 있었다. 발견된 지 얼마 되지 않았다는 반원형 돔에 위치한 대 천사를 보는 행운도 누릴 수 있었다.

그러나 건축물, 그림 그리고 조각의 아름다움보다 더한 가치를 가졌던 것은 문명에 대한 그들의 자세였다. 즉, 문명은 철거하는 것이 아니라 쌓아가는 것이라는 믿음이 있었다. 경제력과 군사력의 팽팽한 긴장의 변화에 따라 제국은 하늘의

태양처럼 떠오르고 지지만 문화는 삶을 이어가는 민족과 함께
영원히 숨 쉰다. 제국은 사라지지만 후대에 의해 기억되는 것
은 그 땅에 살아가는 사람들의 문화에 대한 포용 덕분이라고
생각한다.

터키의 그랜드 케년으로 불리는 로즈벨리, 길게 이어지는
아기자기한 도로와 산을 온통 덮어 '신의 은총'이라 불리는 올
리브나무, 그 아래로 해안선을 따라 경이롭게 펼쳐진 에게
해의 휴양지 아이발륵에서의 포돗빛 노을…. 마음을 탁 트
이게 하면서도 감미롭게 휘감아 드는 대자연 앞에서 어쩌면
이곳의 사람들은 정말 신들과 함께 살지도 모른다는 생각이
들었다.

그 무엇보다도 터키 여행에서 가장 소중했던 선물은 '사람
이 이토록 아름다운가'라는 내적 울림이었다. 여행 중 수많은
사람들을 만나고 대화하면서 끊임없이 변화하는 사람들의 모
습을 관찰할 수 있었다. 사람은 의심하고 질투한다. 화를 내
고, 살해하기까지 한다. 그렇지만 사람은 또 누군가를 사랑한
다, 신뢰하고 존경하며, 용서하고 배려한다. 그리고 남을 위해
자신을 희생하기까지 한다. 끝이 보이지 않는 저 에게해에 비
하면 이런 사소한 감정들은 부질없어 보인다. 그러나 우리는
감정을 통해 매 순간을 느끼며, 순간을 영원으로 승화시킨다.

이러한 사람의 결함이야 말로 사람을 아름답게 하지 않나 생
각해본다.

터키를 떠나기 전 배를 타고 유럽과 아시아의 경계가 되는

★★ 터키의 경이로운 자연환경은 내 마음속의 어두운 면들을 밝혀주었다.

보스포러스해협을 가로질렀다. 선상에서 끝없이 이어진 바다와 하늘이 맞닿는 수평선을 응시했다. 오랫동안 잊고 있었던 어둡고 폐쇄적인 수용소가 떠올랐다. 갇힌 공간이 탁 트인 바다와 대비되었다. 두 이미지는 계속 교차되다가 수용소 안으로 한 줄기 빛이 들어왔다. 그곳에 일주일 동안 갇혀 있던 '야수'는 다시 파르테논 신전 아래서 에게해를 바라보는 청년의 모습을 보이더니 지금의 나와 완전한 일체를 이루었다.

수용소에서의 시간들이 감사했다. 무엇인가로부터 속박당했던 육체와 정신이 해방되었다. 지금 이 순간, 내가 숨 쉬고 존재한다는 것을 느낄 수 있었다. 지난날의 끈기와 오늘의 충만한 사랑으로 최선(最善)을 다한다면 매 순간은 행복으로 영원히 흐를 수 있을 것 같았다.

그동안 치유할 수 없었던 상처가 아물고, 얼어있던 마음이 녹기 시작했다. 냉소가 사라지고 긴 시간 바짝 메말라있던 눈물이 이제는 내린다. 사람의 아름다움에 나는 흐느낄 수밖에 없었다.

베이징대에서 하버드로

대강동거[35]

　　　　　　베이징대생으로서 혜택받을 수 있는 두 가지가 있다. 하나는 해외에서 공부할 기회가 많다는 것, 또 하나는 세계 각국의 리더들과 바로 눈앞에서 함께 대화를 나눌 수 있다는 것이다. 곧 이 나라와 민족의 미래를 베이징대생들이 이끌어간다는 중국의 메커니즘을 너무나 잘 알고 있

★★ 35) 북송시대 시인 소시 '염노교 적벽회고' 의 첫 소절로 끊임없이 동쪽으로 흐르는 장강을 빌려 중국의 넘쳐흐르는 생명력을 가능케 하는 북대인의 기상을 표현하고자 했다.

는 각국의 수뇌들은 연설할 장소를 선택할 때 베이징대를 선호한다. 급격히 상승하는 중국의 국력에 미국도 관심을 빠트릴 수는 없는 것이다.

퇴임 후에도 다양한 활동을 하고 있는 전 미국 대통령 빌 클린턴, 다큐멘터리 〈불편한 진실〉로 노벨 평화상을 받은 전 미국 부통령 엘 고어, 전 국무장관 콘돌리자 라이스, 현 미국 재무부장관 티머시 가이트너 등 수많은 미국 거물들의 방문이 그 산 증거이다. 그중 빌 클린턴의 방문은 고등학교 시절 베이징대를 향한 나의 로망이 되었다.

1998년 6월 25일, 미국 대통령 빌 클린턴은 1,200명에 달하는 방대한 대표단을 이끌고 9박 10일 장시간의 방중(訪中)을 시작했다. 장쩌민(江澤民) 주석과 중국의 입법기구인 인민대회당에서 만찬을 갖고, 베이징의 상징인 만리장성과 고궁을 탐방한 뒤 6월 29일 오전 베이징대를 방문했다. 그리고 오전 10시 15분 그는 천쟈얼(陳佳洱) 총장과 함께 베이징대 최고의 접대회의실인 리탕(礼堂)의 무대에 올라섰다. 회의실은 학생들의 박수갈채로 뜨겁게 달궈졌다.

빌 클린턴 전 대통령은 서투른 중국어로 "축하합니다(恭喜)"를 구사하면서 베이징대 개교 100주년 기념을 축하해 관중의 환호를 받았다. 동시에 "나는 곧 미래의 중국 지도자들에게 연설을 한다"며 곧이어 21세기 미·중 관계의 구체적인 어젠다 (agenda)에 관해 언급할 것을 암시했다.

예상대로 클린턴은 개혁개방 이후 20년 동안 중국이 이룬 성과를 회고한 뒤, 앞으로 동아시아 안전 문제, 세계 비핵화 문제, 환경 문제, 국제금융 문제 등에서 미국과 중국의 협력이 요구될 것임을 밝히며, 이 자리에 참석한 차기 중국지도자의 책임과 임무라고 설명했다. 그리고 미국 '독립선언문'과 '헌법'에 담긴 자유와 민주의 사상이 국경을 넘어 인류사회가 공유하는 보편적인 가치의 반영이라 말했다. 경제발전과 함께 확대된 중국의 자유와 민주에 박수를 보내는 동시에 '아직 갈 길이 멀다'라는 메시지도 전했다.

하지만 그의 연설은 나를 크게 감동시키지는 못했다. 그저 클린턴 내각 참모들의 브레인에 감탄하고, 장시간 동안 클린턴을 코앞에서 바라볼 수 있었던 내 미래의 선배님들이 부러울 따름이었다. 나를 진정 베이징대생이 되어야겠다고 결심하게 만든 건 스피치 후 베이징대생들이 던진 당당한 질문들이었다. 그들은 미국 대통령 앞에서 패기 넘치는 모습으로 중국을 대표해 그에게 질문을 던졌다.

베이징대생들과 빌 클린턴 대통령과의 대화

Q: 첫 번째 질문을 할 수 있게 되어 영광이라 생각합니다. 방금 전 연설에서 말씀하신 것처럼 중국과 미국의 국민들은 미래를 향해 함께 도약해야 합니다. 그 과정에서 중요한 것은 활발한 교류가 이루지는 것이라고 생각합니다. 중국이 개혁개방을 추진하면서, 우리는 미국의 문화, 역사, 문학에 대해서 더 많이 알게 되었습니다. 이 자리에 참석하기 전에 제임스 카메론 감독의 〈타이타닉〉도 볼 수 있었고요. 이렇게 중국인들은 조금씩 미국을 알아가고 있는데, 미국인들은 아직 중국에 대한 인식이 중국의 봉건시대와 문화대혁명 시대에 멈춰 있는 것 같습니다.

10년 만에 처음으로 중국을 방문한 미국대통령으로서, 앞으로 두 나라 국민이 서로에 대한 이해와 존중을 도모하기 위해서 어떤 노력을 하실 생각이십니까?

빌 클린턴: 아주 좋은 질문입니다. 이번 1,200명의 대표단 중에 총 375명이 언론인들입니다. 이는 저의 방중목적을 반영하기도 합니다. 저는 이번 중국방문을 통해 미국 국민들에게 균형 있는 현대중국의 모습을 보여주고 싶었습니다. 더 많은 미국인들이 중국에 오고, 이곳에서의 체험을 독려

하고 싶었습니다.

어제 저는 중국에서 처음으로 법률을 공부하는 미국 청년을 만났습니다. 그리고 앞으로 더 많은 미국인들이 중국에서 공부하고, 여행하고, 비즈니스를 하기를 소망했습니다. 오늘 오전 제 아내 힐러리 클린턴과 국무장관은 한 법률 컨퍼런스에 참가했습니다. 이처럼 중국의 법치를 위해서 많은 프로그램들이 기획되고 있습니다. 앞으로 더 많은 미국인들이 중국을 알아가고 방문할 것입니다.

대답하기는 어려운 문제이나, 이는 분명 우리가 관심 갖고 노력해야 하는 문제임은 틀림없습니다. 더 많은 사람들이 동원되고, 더 다양한 종류의 접촉이 이뤄져야 문제의 개선이 있을 것입니다.

Q: 중국에 오신 것을 환영합니다. 저는 중국인으로서, 조국의 통일에 대해서 많은 관심을 갖고 있습니다. 1972년부터, 대만 문제에 있어 큰 진전이 있었습니다. 그러나 미국은 지속적으로 대만에 무기를 판매해왔고, 일본과의 안전 조약을 지속적으로 체결해왔습니다. 일본 관료들의 주장에 근거하면, 이 조약은 중국 대만성을 포함하고 있습니다.

만약 중국이 하와이에 해군기지를 건설하고, 중국이 다른 나라와의 조약에서 미국의 한 지역을 포함한다면, 미국과 미국 국민은 이런 중국의 행위를 어떻게 받아 드릴까요?

빌 클린턴: 미국의 정책은 중국과 대만이 통일하는 데에 대한 장애물이 아닙니다. '삼항공보(三項公報)'와 '대만관계법'은 대만에 대한 미국의 정책입니다. 미국은 지난 20년간 '하나의 중국(一个中国)' 정책을 인정해왔습니다. 그리고 이번에 방중을 통해 이 정책에 대한 지지를 재확인했습니다. 이로써 미국은 대화를 통해 해협양안(海峽兩岸)[36]의 평화통일을 지지하기로 협의했습니다. 그러므로 대만에 무기를 파는 것은 방어의 목적이지, '하나의 중국' 정책을 위배하고 양안의 평화통일을 방해하기 위함이 아닙니다. 다시 한번 강조하지만, 우리는 어떠한 통일도 평화적으로 이루어져야 된다고 생각합니다.

또한, 일본 문제에 대해서는, 만약 여러분이 '안전협의'를 정독했다면 이는 어떤 특정한 나라를 대상으로 한 조약이 아닌 아시아지역의 안정을 위한 조약임을 발견할 수 있을 겁니다. 미국은 남한에 군사를 배치했습니다. 한국전쟁의 재발을 방지하기 위해서지요. 우리가 일본에 주둔하는 주요 목적은 긴급 상황에 아태지역의 안정을 지키기 위해서입니

★★ 36) 타이완해협을 두고 마주본 중국대륙과 타이완을 가리킨다.

다. 그러나 이를 일본 혹은 미국이 중국을 견제한다고 생각하는 것은 불공평하다고 생각합니다. 사실상 두 나라 모두 21세기에 중국과 안전을 위한 동반자 관계를 맺고 싶어 합니다.

예를 들어, 나토(NATO)는 유럽에서 확장되면서 러시아와 적대하지 않겠다고 협의했습니다. 그리하여 양측의 협력을 통해서 보스니아 분쟁을 해결했습니다. 미국과 중국도 안전 문제에 있어 상호협력하고 있습니다. 인도와 파키스탄이 핵 문제로 인한 긴장을 완화하는 노력이 바로 그것입니다. 앞으로 여러분은 이와 같은 사례를 많이 발견 할 수 있습니다. 우리는 어제의 분쟁을 잣대로 삼아 오늘의 협약을 바라봐서는 안 됩니다. (…생략)

Q: 대통령께서 말씀하신 민주, 자유 그리고 인권 문제는 사실상 중국과 미국 모두가 관심을 갖고 있는 문제입니다. 그러나 솔직히 이 문제에 두 나라의 의견이 분분한 것은 사실입니다. 대통령께서는 방금 미국의 민주와 자유가 미국에 뿌리내렸던 과정을 자랑스럽게 회고하셨습니다. 그리고 중국에 건설적인 제안도 하셨습니다. 우리는 대통령님의 진솔한 제의를 당연히 받아들여야 합니다. 그러나 동시에 '자아비판을 발전의 기준으로 삼아 항상 스스로에 대해 탄성해야

한다'는 세계 각국의 국민들이 떠올라 이런 질문을 하겠습니다.

미국은 현재 어떤 인권과 민주에 관한 문제에 직면하고 있습니까? 대통령님의 내각은 어떤 정책들을 내놓았으며, 어떤 효과가 있었습니까?

빌 클린턴: 우선 세계 어느 나라든 한때 미국이 민주, 자유 그리고 인권에 대해 심각한 문제가 있었다고 인정할 겁니다. 노예제도의 합법화가 바로 그것입니다. 지금은 폐지되었지만, 아직 많은 문제가 남아있습니다. 어느 나라 국민도 자신이 완벽한 나라에서 살고 있다고 말하지 않을 것입니다. 우리는 다만 더 아름다운 세상을 만들기 위해 끊임없이 노력할 뿐입니다. 그런 면에서 저는 학생이 지적한 점에 동의합니다.

두 가지 사례를 말해드리지요. 아직도 미국은 인종차별 때문에 많은 사람들이 집을 구하거나 취업에 어려움을 겪고 있습니다. 저의 내각은 이 문제를 해결하기 위한 제도장치를 마련했지만, 이 어려움을 완전히 극복하지는 못했습니다. 작년부터 미국 국민들과 이 문제를 놓고 수차례의 대화를 나누며, 중앙정부와 지방정부 및 기타 기관들이 문제해결을 위한 방법들을 모색해왔습니다. 그리고 정부와 함께 미국 국민의 태도 또한 변화해야 한다는 결론에 도달했습니다.

또 하나의 사례는 1992년 대선 때 생긴 일입니다. 뉴욕의 한 여관에서 그리스 이민자가 저를 찾아왔습니다. 그는 자신의 열 살 된 아들이 학교에서 선거에 대해 배운 뒤 저를 뽑아야 했다고 하면서, 자신도 제게 투표를 할 테니 아들에게도 자유를 달라고 했습니다. 제가 무슨 뜻이냐고 묻자 범죄율이 너무 높아 아이들을 마음 편히 학교에 보내기가 어렵다고 했습니다. 사회적 불안감 때문에 자녀들을 공원이나 거리에서 마음 놓고 놀게 할 수 없어 아이들은 진정한 자유를 누리지 못하고 있다는 것이었습니다.

이것은 매우 중요한 문제입니다. 여러분도 아시다시피 미국에서의 자유란 최대한 정부의 규제를 받지 않는 것입니다. 이는 건국부터 이어온 우리의 전통입니다. 우리 건국의 아버지들은 영국의 군주제로부터 벗어나 이곳으로 왔습니다. 그러나 자유는 정부가 모든 사람에게 평등한 기회와 교육을 받을 수 있도록 도와야 실현가능합니다. 또한 삶의 질 향상을 위해서는 정부가 법을 수호해야 합니다. 그러므로 우리는 미국의 범죄율을 낮추기 위해 열심히 일해 왔으며, 현재 25년 이래 최저의 범죄율을 유지하고 있습니다. 많은 아이들이 더 많은 자유를 얻게 되었지만, 아직도 범죄율은 높으며 폭력 문제는 심각합니다.

미국인들은 우리가 추구하는 '자유'만을 소중히 여기는 것이 아니라, 모든 사람이 행복하고 자유롭게 살기 위한 환경을 추구하는 것입니다. (…생략)

Q: 두 가지 질문을 하겠습니다.

첫 번째 질문은, 미국은 지난 8개월 동안 지속적인 경제성장을 해왔습니다. 대통령 본인의 공헌 외에 어떤 요소들이 그동안의 성장을 가능케 했다고 생각합니까? 아마 중국에게도 좋은 참고가 될듯싶습니다.

두 번째 질문은, 장쩌민 주석께서 하버드대에 방문하셨을 때, 회의실 밖에서 데모를 하는 사람들이 많았습니다. 만약 지금 리탕(礼堂) 밖에서 베이징대생들이 데모를 하고 있다면 어떻게 대처하실 겁니까?

빌 클린턴: 우선 경제 문제에 대해서 답변하겠습니다. 제 임기가 시작된 후, 저의 내각의 주요업무는 지난 정부의 막대한 적자를 억제하는 일이었습니다. 30년 이래, 미국은 처음으로 수지평형의 예산을 마련했습니다. 이는 이율을 대폭 하락시켜 대량의 자금이 자영업계의 새로운 일자리를 만드는 데 투여되게 했습니다. 동시에, 무역을 확대함으로써 세계 각지에 우리의 물건을 판매했으며, 인재양육, 연구개발,

기술과 교육에 투자를 했습니다.

미국 국민들도 많은 기여를 했습니다. 상업계 인사들은 신기술, 새로운 시장과 인재육성에 자금을 투자했습니다. 우리의 환경에서는 창업하기가 어렵지 않습니다. 이 부분은 중국이 가장 적극적으로 참고해야 할 부분이라 생각됩니다. 제 아내 힐러리 클린턴은 세계 각국의 농촌지역에서 많은 일을 했습니다. 그녀는 촌민들이 대출을 받아 그들이 가지고 있는 기술을 사용하여 창업을 도모할 수 있도록 추진했습니다. 빈곤 문제가 가장 심각한 아프리카와 라틴아메리카에서도 이 제도는 효과를 봤습니다. 많은 기회가 생겼거든요. 그러므로 미국에서도 국민들이 창업하고 기업의 규모를 확대하는 데 편의를 제공하기 위해 최선을 다합니다. 그리고 전력을 다해 기존에 기회가 없는 분야에서 기회를 만들어 냅니다.

이상의 모든 요소들이 종합하여 그 동안의 성장을 만들어 냈습니다. 그중 대부분의 공로는 미국 국민에게 돌아가야겠지요. 저는 저의 위치가 있기에, 올바른 정책을 관철하고 최적의 환경을 만드는 데 노력을 기울이고 있습니다. 이런 환경 속에서 미국인들은 자신의 꿈과 미래를 만들어가고 있습니다.

두 번째 질문은 매우 흥미롭네요. 사실 저는 미국에서 많은 데모들을 보았습니다. 장 주석께서 미국에 있을 때, 그에게 이렇게 말했습니다. "학생들이 이렇게 데모를 해줘서 매우 기쁘네요. 외롭지가 않습니다. 허허."

본론으로 돌아와서, 만약 바깥에 저를 향해 시위하는 학생들이 있다면, 만약 그들이 두 번째 학생의 질문처럼 대만 문제 때문에 시위를 한다면, 저는 우선 그들이 왜 시위를 하는지, 그리고 그들과 대화할 수 있는지, 혹은 그들의 대표와 대면할 수 있는지를 확인하고, 그들의 속마음을 들어보고 대화를 나눌 생각입니다.

※빌 클린턴의 연설문 자료는 바이두 문서자료실(百度文庫)을 참고함

빌 클린턴 전 대통령은 베이징대생들의 꾸밈 없는 혹은 정곡을 찌르는 예리한 질문들을 모두 답변했다. 그리고 프랭클린 루즈벨트의 말로 대화의 시간을 마쳤다.

"우리의 비판자들은 우리의 친구입니다. 그들은 우리의 약점을 지적하기 때문입니다. 오늘 여러분들의 질문은 비판의 요소가 담겨있는 좋은 질문이었습니다. 저에게는 매우 뜻 깊었지요. 여러분들의 질문에 대답하면서 중국 그리고 세계가 어떻게 나의 발언에 대해 반응하는 지에 대해 생각하게 했습니다. 그리고 앞으로 미국의 대통령으로서 어떻게 미국 국민

들의 신념을 지켜야 할지 알게 되었습니다. 만약 저 혼자 스피치만 했다면 아무것도 배울 수 없었을 겁니다. 경청해야 배울 수 있습니다. 감사합니다.”

베이징대생들이 패기 넘치게 당당한 질문을 하고 빌 클린턴이 노련하게 질문들을 답변함으로써 생방송을 관람하는 시청자들은 전율을 느꼈을 것이다. 빌 클린턴, 그는 진정 태극(太极)의 고수였다. 스캔들 경력의 소유자이면서 미국 국민들의 존경을 받는 그런 균형적인 처세능력이 다시 한번 증명되는 대화였다.

시대를 이끌어 가는 사람들과 함께 호흡하고 있다는 생각, 베이징대생이 되면 그들과 나란히 대화할 수 있다는 상상, 그리고 언젠가 나도 그들과 같은 고수가 될 수 있다는 믿음, 그것이 나를 베이징대로 이끈 것이다.

혹자는 나에게 민주주의도 없는 중국에서 정치외교를 공부하는 것이 무슨 의미가 있냐고 반문한다. 그러나 제도는 성숙하지 못했다 할지라도 그들은 정치와 외교의 대지혜(大智慧)를 갖고 있다. 이는 오천 년 역사 속에서 대륙이 쌓아온 내적 수양이며 세계 최대강국인 미국이 눈을 떼지 못하는 이유이기도 하다.

그런 중국에서 이 민족과 나라의 임무를 당당히 자신의 어

깨에 짊어지고 열린 마음으로 세상을 받아들이는 젊은 '조조'
와 '유비' 그리고 '손권'들이 살아 숨 쉬는 베이징대에서 그들
과 함께 생각을 겨루고 공유하는 것이 어찌 의미 없다고 할 수
있겠는가.

미명호 vs 찰스 강

하버드대에 찰스 강(Charles River)[37]이 있
다면, 베이징대에는 미명호(未名湖)[38]가 있다.

'미명호'란 아닐 미, 이름 명, 호수 호를 써서 이름이 없는
호수라는 뜻이다. '왜 이름이 없을까?' 의아해 하겠지만, 이
'이름'에 바로 베이징대의 정체성이 있다.

천 명의 독자에게 천 명의 햄릿이 있듯이 미명호에 대한 해
석은 각자 다를 수 있다. 이름이 없기에 모든 이의 이름이 호
수의 이름이 될 수 있다. 여기에 베이징대의 정신이 함축되어
있다고 생각한다. 자유롭게 생각하고, 모든 생각과 문화를 포

★★ 37) 미국 매사추세츠 주에 흐르는 강으로 하버드대, 보스턴대 등이 강을 따라 위치하고
　　　 있다.

★★ 38) 베이징대 캠퍼스에 자리 잡고 있는 인공호수

★★ 39) 중국의 저명한 교육자이자 정치가로 북대인들에게 '영원한 총장'으로 기억되며, 중
　　　 국인들에게는 '5.4 운동'의 아버지로 불린다.

용하자는 차이위안페이(蔡元培)[39] 총장의 교육철학이 스며있기 때문이다.

하버드대가 '진리(Veritas)'를 상징한다면, 베이징대는 '자유(自由)'를 추구한다. 베이징대 중문과 천핑웬(陳平原) 교수는 영국 철학자 아이자이어 벌린의 '자유의 두 가지 개념'으로 이를 해석한다. 여기서 자유는 '적극적 자유'와 '소극적 자유'로 나뉘는데, 적극적인 자유는 자신이 선택한 것을 할 수 있는 자유로움(freedom for something)을 말하고 소극적인 자유(freedom from something)는 어떤 간섭이나 억압으로부터의 자유를 뜻한다. 이에 상응해 자유롭게 생각하라는 '사상자유(思想自由)'는 전자에, '겸용병보(兼容並包)'는 후자에 속한다.

이단을 용납하지 않고 다양성보다는 권위를 중시하는 중국 문화 속에서, 천 교수님은 '사상자유'보다는 '겸용병브'가 더 중요하다고 주장한다. 독립적인 판단능력이 있는 대학생들이 진정으로 자유롭게 생각하기 위해서는 다양한 생각을 받아들이는 문화와 제도가 필요하기 때문이다.

베이징대는 그런 곳이다. 누구나 '미명호'를 거닐며 자유롭게 생각할 수 있다. 그 속에서 우리는 자유로운 영혼들을 만난다. 그들은 때로 우리의 친구이자 경쟁자이고 때론 우리의 스승이다. 우린 그들과 자유롭게 대화하고 경쟁하며 배워간다.

이런 과정을 통해 자신 고유의 생각과 향기를 갖게 된다. 미명호에는 북대인들 고유의 생각들이 고스란히 담겨있고 향기가 있다. 이 자유로운 영혼들을 위해 미명호는 자신의 이름을 포기한 것이다.

베이징대 선언

요즘 대학의 의미에 대해 회의하는 것이 유행인가 보다. 중국, 미국에 유학 중인 친구들은 물론이고, 심지어 내가 휴학하고 한국으로 돌아왔던 2010년 3월 10일 한국에서는 고려대생 김예슬 양이 "오늘 나는 대학을 그만둔다, 아니 거부한다"는 선언을 해서 장안의 화제가 되었다. 얼마 후 책까지 출판했으니, 아무리 '유행'을 타지 않는 사람이라도 대학을 다니고 있는 한 명의 학생으로서 대학의 의미를 생각해보지 않을 수 없다.

이것은 깨어있는 영혼과 사회적 책임감을 강조하는, 베이징대 정신을 계승하기 위한 실천이었다. 그 정신의 뿌리를 찾기 위해 베이징대의 역사[40]를 거슬러 올라갔다. 다소 지루한 과정이었지만, 로마보다 그리스를 연구[41]하는 것이 베이징대의 전통이기도 하다.

베이징대는 중국근대사의 산물이다. 19, 20세기의 중국은 끊임없는 외부의 침략에서 벗어나 국가의 자주와 부강을 이루기 위해 혼신의 힘을 다했다. 서양의 문물을 받아들여 부국강병을 이루겠다는 양무운동(洋务运动), 서양의 무기와 기술뿐 아니라 문화와 제도를 도입하여 왕조체제의 정치, 경제와 교육제도를 개혁해야 한다는 무술변법(戊戌变法), 개혁이 아닌 혁명으로 기존의 봉건왕조를 타도하고 공화국을 수립해야 한다는 신해혁명(辛亥革命) 등이다. 1898년 무술변법의 일환으로 설립된 경사대학당(京师大学堂)은 베이징대의 전신(前身)[42]이자 중국 근대 이후 최초의 국립대학이다. 량치차오(梁启超), 캉요웨이(康有为)가 주도한 개혁운동은 103일 만에 실패로 끝났지만, 경사대학당만이 유일하게 개혁성과로 남아 지금까지 중국역사의 운명과 함께하고 있다.

칭화대 매이치(梅贻琦) 전 총장은 대학에는 '정신'과 '제도' 두

★★ 40) 베이징대 역사에 관한 내용은 베이징대 중문과 천핑웬 교수 《老북대의 이야기(老北大的故)》와 서울대 동양사학과 민두기 교수의 《시간과의 경쟁》을 많이 참고했음을 밝혀둔다.

★★ 41) 북대인들은 변하는 것보다 변하지 않는 것을 더 많이 연구하는 전통이 있다. 그래서 속세와 연관된 로마의 법률과 군사보다는 그리스의 철학, 과학을 연구한다.

★★ 42) 쑨원(孙文) 주도의 신해혁명 성공 후의 다음 해인 1912년에 경사대학당(京师大学堂)의 명칭이 베이징대학교(北京大学校)로 변경되었다가 국립베이징대학(国立北京大学)로 변경돼 현재까지 사용한다.

가지 요소가 있다고 말했다. 서양 대학의 정신은 고대 그리스 아카데미로 거슬러 올라갈 수 있지만 제도는 중세 유럽에서 근원을 찾아야 한다. 그렇듯이 베이징대도 '정신'은 주나라의 국학기관, 한나라의 태학(太学) 또는 당나라 때 시작된 서원(书院)에서 찾을 수 있지만, '제도'는 서양 대학으로부터 도입된 것이다.

과거(科舉)제도와 고대 교육기관을 폐지하고 현대적 의미의 대학을 설립한 무술변법 주도자들은 이를 '상법삼대(上法三代), 방채태서(旁采泰西)[43]'라 부른다. 하지만 동서양의 문화를 조화롭게 융합시키려는 그들의 의도와는 다르게, 베이징대와 같은 고등교육기관은 20세기 중국문화 패러다임에서 가장 서양화되었다는 사학자들의 비판을 받고 있다.

제2차 산업혁명 이후, 정부 주도로 빠른 성장을 이룩한 일본과 독일을 성장모델로 삼은 중국은 문화나 지리적으로 근접한 일본을 통해 독일과 다른 서양국가들의 제도를 연구하고 도입하게 된다. 19세기 말부터 20세기 초까지 해외 유학생 중 일본 유학생이 압도적으로 많았다. 일본인이 번역한 경제(经济), 철학(哲学), 과학(科学), 자연(自然) 등 서양 학술용어들이 중국 학술계로

★★ 43) 대내적으로는 하상주(夏商周) 3대까지 거슬러 올라 전통을 계승하고, 대외적으로는 서양 대학 교육이념과 제도를 도입해야 한다.

전파되었고, 현재 70%의 학술용어가 일본 한자를 그대로 차용한 것이다. 베이징대도 일본과 독일 대학의 교육이념과 제도를 모방하다가 1916년 '신문화운동(新文化运动)의 아버지'라 불리는 차이웬페이(蔡元培) 총장이 취임하면서 베이징대만의 독자적인 성격을 형성하게 된다.

1911년 신해혁명을 통해 공화국이 설립된 뒤, 지식인들은 국민 참여와 합의를 통해 정책을 결정하는 공화제를 지키기 위해 노력했다. 강력한 권력으로 부강을 이루려는 웬스카이(袁世凯)가 공화정부의 지도자가 되면서 지식인들은 "공화제에 걸맞은 자유로운 개인이 창출되어 지적·의식 혁명이 이루어져야 한다"는 주장을 강하게 펼쳤다. 그리하여 '민주'와 '과학'을 구호로 내세운 '신문화운동(新文化运动)'이 시작되었고, 베이징대가 그 베이스캠프가 되었다. 이에 맞물려 제국주의를 반대하는 '5·4 운동'이 베이징대생들의 주도하에 전개되었다.

베이징대의 후스(胡适), 루쉰(鲁迅), 저우쭤런(周作人) 등 학자들과 정치에 활발하게 참여하는 천두시오(陈独秀), 리다자오(李大钊) 등 운동가들이 참여해서 창간된 〈신청년(新青年)〉은 차이 총장의 '사상자유(思想自由), 겸용병보(兼容井包)[44]'에 입각하여 도덕, 종교,

---

과학, 교육, 문학, 예술, 정치, 역사 등 모든 분야의 글들이 수록되어 있는 당대의 문화흐름을 주도한 학술 잡지였다.

일본과 독일대학에만 집중해온 차이 총장도 시야를 넓혀 세계 각국의 명문대학을 방문하면서 동서양의 교육이념을 조화롭게 융화시키기 위해 부단히 노력했다. 그는 세계 대학의 교육이념은 3가지가 있다고 일목요연하게 정리했다.

교양과 인격을 중시하는 영국의 옥스퍼드대, 캠브리지대, 전문성을 강조하는 독일의 베를린대, 그리고 지식의 실용성과 사회에 대한 봉사 정신을 가르치는 미국 대학들. 이 3가지 패턴을 인간의 도덕성을 중시했던 공자(孔子)와 묵자(墨子)의 중국 전통의 교육이념과 잘 결합해야 한다고 주장했다.

존 듀이, 버나드 러셀 같은 세계적인 석학들을 초청하여 강연을 개최하고, 학문의 자주를 위해 중국 최초의 대학원인 '국립베이징대학교 국학과 연구소'를 설립하였다. 서양 유학 추진자가 예일대 졸업생이었다는 점과 지도자 선출기준(도덕성)의 흡사함 등 역사적인 이유로 미국이 일본을 제치고 유학을 가장 많이 가는 나라로 부상되었다. 1920년대 이후 미국유학에서 돌아온 학생들이 베이징대 총장으로 역임하면서 미국 대학의 영향을 가장 많이 받게 되었다. 미국으로 유학을 가는 흐름은 지금까지 이어져, '베이징대는 하버드대학원 준비반(預科班)'이라는 베이징대생들만의 농담도 있다.

학교와 제도는 점점 미국화되고 학생들은 여전히 미국으로 유학을 많이 가지만, 베이징대생들은 자신들이 하버드생보다는 옥스퍼드생을 닮았다고 말하기를 좋아한다. 학교역사 연구자들은 베이징대가 독립적인 사고와 사생(师生) 간의 정신적 교류를 통해 품격 있는 인재를 양성하는 사원(书院)의 교육이념을 계승했기 때문이라고 주장할 것이고, 베이징대생들은 '사상자유(思想自由), 겸용병보(兼容并包)'가 차이 총장이 우리에게 남겨준 문화적 유전자 때문이라고 말할 것이다.

이유야 어쨌든 베이징대생들은 독립적인 인격과 자유로운 영혼을 추구한다. 그리고 베이징대의 역사는 학생운동사로도 해석되기도 한다. 제국주의로부터 국가의 자립을 외친 반러시아운동, '5·4 운동' 외에도 민주주의와 공화제 실현을 위해 다시 한번 천안문으로 나섰던 1989년 '6·4 민주화운동'이 있었다. 또한 학교역사 연구자들은 '이천하위기임(以天下为己任)[45]'의 태학(太学) 전통을 계승했기 때문이라고 말하며, 루쉰(鲁迅)은 이런 베이징대생의 정신을 '상신설(常新说)'로 요약하였다.

第一, 北大是常为新的, 改进的运动的先锋, 要使中国向好的, 往上的道路走;

★★ 45) 천하의 일을 자기의 책임처럼 대하라.

第二，北大是常与黑暗势力抗战的，即使只有自己。

1. 베이징대는 조금 더 나은 사회를 위하여 항상 새로운 것
   을 추구한다.
2. 베이징대는 비록 혼자일지라도 항상 사회악과 맞서 싸워
   왔다.

학교의 제도는 서양화되어가지만, '북대 정신[46]'은 변하지 않는다. 이는 북대인들의 깨어있는 영혼과 사회적 책임감을 다시 한번 보여준다. 그들은 변하지 않는 정신으로 강태공처럼 세월을 낚을 줄 알았다. 변화와 창조를 위해 항상 준비했고, 성장을 위해 기다릴 줄 알았다. 그리고 때가 오면 절대 기회를 놓치지 않았다.

대학은 정신이다. 그리고 정신은 가장 현실적인 힘이다.
베이징대는 독립적인 인격과 자유로운 영혼을 추구하도록 격려한다. 독립과 자유를 대가로 철저한 전문성을 요구한다. 그 전문성으로 사회 정의와 변화 그리고 창조에 기여하라고

★★ 46) 북대는 북경대학교의 약칭으로 베이징대에서는 사람을 제일의 가치로 여긴다는 '북대인' 이라는 고유명사가 있으며, 북대인들이 일생 생각해야 할 과제가 '북대 정신' 이다.

한다. 때로는 낭만적이고 때로는 혹독한 이곳에서의 4년이 북대인들의 영혼의 고향이 되길 베이징대는 바라고 있다. 마치 종국에는 고대 그리스로 회귀하는 유럽 문화처럼.

하버드로 가는 열차, 2와 1/2 승강장

어린 시절. 베이징대에 대해서는 들어본 적 없지만 하버드는 한번쯤 들어본 듯도 하다. 세계의 수재들이 모여 공부한다는 그곳. TV에서 몇 번 스쳐 지나간 이름이었다. 공부하기로 결심하지 않았더라면 하버드는 그렇게 한번쯤 이름만 들어보았을 법한 대학으로만 남았을 것이다.

중학교 유학시절. 지린대학교(吉林大學)에서 한 학기 동안의 어학연수를 마치고, 중국학생들과의 한 학기도 지나자 점차 로컬 중학교에서의 공부가 적응되기 시작했다. 특히 담임선생님의 도움으로 중국어기초를 다지면서 공부에 재미를 느끼자 겨울방학 내내 다음 학기가 기대됐다. 능력 범위 내에서 방학 숙제를 마치고 독서를 하며 공부하는 마음을 다잡았다. 그 때 KBS2에서 〈TV 교과서 학교야 놀자〉라는 프로를 방영했다. 나는 세계 명문대 출신의 학생 혹은 유명인사를 찾아가 그들의 공부 방법을 취재하는 〈공부의 왕도〉라는 코너를 선호했다. 15

회에는 하버드 법대 대학원에 재학 중인 김훈정 양을 인터뷰
했는데, 그때 처음으로 하버드에 대한 구체적인 이미지를 접
할 수 있었다.

그 후 하버드는 동경의 대상이 되어 나의 관심을 사로잡았
다. 하버드를 배경으로 아름다운 사랑을 그린 에릭 시걸의 소
설《러브 스토리》, 그리고 소설보다 대중적으로 더 알려진 아
더 힐러 감독의 동명영화 〈러브 스토리〉. 또한 하버드 로스쿨
의 공부, 사랑이야기를 통해 '상호주의'라는 주제를 처음부터
끝까지 일관되게 조명한 존 제이 오스본의 소설《하버드대학
의 공부벌레들》. 그리고 이 소설을 원작으로 아카데미상을 받
은 영화 〈하버드대학의 공부벌레들〉. 마치 〈러브 스토리〉와 〈
하버드의 공부벌레들〉의 한국판을 보는듯한 김래원과 김태희
주연의 〈러브스토리 인 하버드〉. 나는 책, 영화 그리고 드라마
를 통해 마음속에 하버드라는 또 다른 꿈을 담아 두었다.

찰스 강을 따라 흐르는 젊음의 로맨스, 극기를 체험하는 소
크라테스 문답식 수업, 학문을 위해 갖춰진 완벽한 인프라, 세
계최고의 학생들과 교수진들, 단순히 공부뿐만 아니라 다양한
능력과 사회봉사 정신을 강조하는 교육이념… 시간이 지날수
록, 베이징대와 가까워질수록 하버드는 내 도전의 또 하나의
원동력이 되어주었다.

그러나 대학에 들어와 홍정욱의 《7막7장》, 버락 오바마의 《내 아버지로부터의 꿈》을 읽으면서 하버드에 도전하기 위해서는 낭만 이상의 더 구체적인 이유가 필요하다고 생각했다. 미국 최고의 대학에서 공부해 한·미 관계에 이바지할 기초를 쌓고, 최고의 석학들 밑에서 당시의 미개척 분야로 남아있던 중국학을 전공한 홍정욱 의원. 대학 졸업 후 변화는 조직된 풀뿌리에서 나온다는 믿음으로 공동체 조직가가 되었다가, 진정으로 변화를 꾀하는 공동체를 형성하기 위해서는 하버드 로스쿨에서 배워야할 것이 많다고 깨달은 미국의 첫 흑인 대통령 버락 오바마. 나의 멘토들이 하버드에 지원했던 과정을 지켜보면서 문득 '잡노마드 1세대'라고 불리는 오세훈 서울시 첫 재선시장의 도전에 대한 연설이 떠올랐다.

"모든 선택은 항상 자신의 의지에 의해 결정되어야 한다. 항로를 수정하는 목적은 분명해야 하고 새로운 시도를 두려워하지 말아야 한다. 그리고 그 바탕에는 나 스스로를 상품화할 수 있는 전문성이 있어야 한다. 전문성은 대체로 한 분야에서 4~5년, 길게는 10년 정도 연마해야 체득된다."

10년간의 중국유학, 그리고 앞으로 남은 2년 6개월의 베이징대 생활. 외교분야에서 중국전문가가 되기 위해 총 12년의 중국유학 경험으로써 기초를 쌓아야 한다. 중국인들과 밑바닥부터 체험한 풍부한 소스로 중국인의 심리, 문화와 역사에 대한 체계를 바로 갖춰야 한다. "소련에 관한 내 지식은 모두 라이스가 가르쳐준 것"이라는 H.부시의 칭찬처럼 나도 훗날 중국 문제에 있어 최고의 권위자가 되고 싶다.

우선 남은 기간 동안 나의 전공인 국제정치를 아주 진지하고 즐겁게 배울 작정이다. 외교의 기본이자 무기라 할 수 있는 언어향상을 위해 주어진 환경을 최대한 활용하여 중국어, 영어, 일어, 불어실력을 탄탄히 쌓을 것이다. 그리고 오랜 꿈이었던 하버드대에도 도전할 것이다.

정부차원에서의 한·중 관계는 미국에 대한 깊은 이해 없이는 논하기 힘들다. G2, '차이아메리카(Chiamerica)[47]'와 같은 용어가 속출하는 후경제위기 시대에서는 더욱 그러하다. 때문에 어차피 공부해야 한다면 중국 최고의 대학에서 공부한 것처럼

★★ 47) 2008년 세계경제 위기 후, 가장 큰 피해를 입은 미국과 가장 적은 피해를 입은 중국 간의 더 긴밀한 미·중 관계가 필요하다는 주장이 미국학계와 정계에 속출했다. 미국 경제학자 프레드 버거스텐은 세계경제질서를 리드하는 G2가 형성 돼야 한다고 주장했고, 경제사학자 닐 퍼거슨은 미중 경제관계의 의존성과 중요성을 강조하기 위해 'China'와 'America'를 합쳐 'Chimerica'라는 새로운 단어까지 만들어냈다. 이와 일맥상통한 개념으로는 전 국무부장관 핸리 키신저의 '운명공동체', 현 국무부장관 힐러리 클린턴의 '동주공제(同舟共濟)' 등이 있다

당당히 미국 최고의 대학에서도 공부하고 싶다. 세계적인 석학, 인재들 속에서 내 자신을 담금질하고 한계를 시험해보며 전문성과 다양성을 철저히 기르고 싶다.

베이징대에서 한국 외무고시를 준비해서 외교통상부 해외연수의 기회를 빌려갈 수도 있다. 또한 미국유학 기회가 많은 베이징대에서 준비해볼 수도 있다. 2학년 1학기를 마친 이 시점, 사회를 위해 도전하겠다는 나는 하버드대로 가는 열차를 타기 위해 세월을 낚고 있다.

아버지는 민간외교관, 아들은 국가외교관

"이곳의 음식이 입에 맞으세요?" 신황현(新晃县) 현장[48]이 물었다.

"아, 이렇게 열렬히 환영해주시는데 맛없는 음식이 어디 있겠습니까!" 총장이 대답했다.

현장이 연이어 말했다.

"허허, 중국에도 이런 말이 있지요. 마음만 있다면 술 아닌 음식 없다."

★★ 48) '현'은 한국의 '군'과 같으며, 현장은 군수와 같음.

나는 휴학기간 동안 동시통역사로 동북아 우의 연맹(FAFA)의 '민간외교단'과 함께 중국 후난성 가장 서쪽에 위치한 '신황동족자치현(新晃侗族自治县)'을 방문했다. 연맹은 신황현 산간지역의 주민들에게 의료봉사를 하고, '한·중 우의 보건소' 설립을 위한 MOU를 체결했다.

신황현 지방정부는 정성을 다해 우리를 접대했다. 첫날부터 현 최고 권력자인 당서기와 최고 행정가인 현장이 만찬을 열어 우리를 환영했다. 여유롭게 분위기를 즐겼던 당서기에 비해 아우라가 있는 여 현장의 모습은 매우 인상적이었다. 신황현에 대한 자부심으로 가득 차 있던 그녀는 화려한 수사와 깔끔한 논리로 지원유치를 피력했고, 신황현 주민들의 삶을 조금이라도 향상시키기 위해 최선을 다했다.

만찬을 마치고 신황현 현장을 떠올리며 '직업정신'에 대해 생각했다. 직업은 생계를 유지하기 위함이지만, '직업정신'은 그 이상의 철학과 자부심을 말한다. 직업에 대한 마인드나 자부심이 생기려면 기본기와 호소력을 겸비해야 한다. 가수는 곡을 해석하여 목소리로써, 배우는 시나리오를 분석하여 눈으로써 작품의 영혼을 전달한다. 정치가는 사회를 통찰하여 논리적인 언어로 대의를 설파한다. 어떤 직업을 선택하든 나의 분야에서는 가장 영향력 있는 사람이 되어야겠다고 생각했다. 과연 나에게 그런 직업은 무엇일까? 바로 '동시통역'이다.

아버지께서는 10여 년 동안 타국에서 사업을 하면서 한 개인의 해외활동에는 본인의 능력이나 의지 밖에서 국가의 힘이 중요하게 작용한다는 것을 뼈저리게 느꼈다고 말씀해주셨다. 아버지는 해외에서 빈털터리가 되었다. 그렇게 다 잃었지만 얻은 것이 하나 있다면, '이기는 것보다 친구가 되는 것이 더 좋다'는 교훈이었다고 한다.

한국으로 돌아온 아버지는 자신을 실패하게 한 나라의 영향력 있는 인사들과 '친구'를 만들어가는 한편, 민간으로써 할 수 있는 '국력강화'의 길을 모색하셨다. 대내적으로는 계층 간 격차 해소와 조화로운 사회통합, 대외적으로는 한국의 국가위상을 높이는 일. '동북아 우의 연맹'은 그런 아버지의 고민의 연장선에서 탄생했다. 아버지는 늘 이렇게 가족보다는 사회와 국가를 먼저 생각했던 분이시다.

베이징대 입학 후에도 아버지가 사무총장 역으로 일하고 계신 단체의 중국관련 활동이 있을 때면 방학을 이용해 동시통역 자원봉사를 했다. '대한민국 바로알기 체험프로젝트'와 '3H 네트워크 프로그램'. 이 두 활동 모두 글로벌리더를 꿈꾸는 학생들과 한국에 관심있는 외국학생들에게 한국문화를 체험하고 이해하도록 도움을 주는 프로그램이다. 그리고 그 과정을 통해 미래 공동체가 요구하는 '3H(History(역사), Harmcny(조화),

Hope(희망))'의 리더십을 자연스럽게 터득하게 하는 의미 있는 활동이었다.

'동시통역'은 내게 스피치와는 다른 희열을 느끼게 해주었다. 다른 사람의 말을 다른 언어로 정확하고 효과적으로 표현하기 위해서는 풍부한 지식과 경험이 필요했다. 핵심내용의 전달에는 어휘선택이 정확해야 하며, 말하는 사람의 의도를 잘 파악해야 한다. 나머지 내용은 융통성 있게 조율할 수 있다. 통역언어의 문화에 대한 이해가 깊은 만큼 전달도 효과적이다. 말하는 사람과 듣는 사람사이의 균형을 찾아가는 노력. 이는 동시통역뿐만 아니라 사람을 만나면서 터득해야 할 지혜였다.

★★ 동시통역은 말하는 사람과 듣는 사람사이의 균형을 찾아가는 노력이다.

한국을 바로 알리는 자원봉사활동은 동시통역에 대한 실제 경험을 쌓게 하는 동시에 대학에 들어와 오랜 유학생활로 정체성에 대해 고민하는 내게 큰 힘이 되어주었다. 내가 중국에서 중국친구들과 선생님들에게 사랑을 받으며 젊음의 꿈을 실현시킬 수 있었던 것은 다름 아닌 '한국의 정신'이 있어서다. 인격과 학문을 제일의 가치로 여겼던 우리 조상들의 문화적 유전자가 나에게 스며들어 있었기 때문이다. 그리고 "꿈은 이루어진다"는 우리 국민의 열정이 나에게도 있었기 때문일까. 아니면 일을 하지 않으면 수확을 거둘 수 없어 매일같이 일을 해야 하는 농부의 근성이 내 안에 있기 때문일까. 결국 한국 촌놈의 도전은 성공할 수 있었다.

이 땅에 살아가는 사람들은 역사 속에서 나만의 독특한 사명을 찾기 위해 아직 더 많이 공부해야 한다. 하지만 나의 능력으로 대한민국이라는 공동체에 공헌할 수 있다면 나는 더 이상 이방인이 아니다.

동시통역 자원봉사로 쌓은 경험으로 나는 공식 외교협상에 동시통역사로 참석할 수 있었다. 나는 최고의 동시통역사(한중영)가 될 자신이 있다. 남은 2년 6개월간의 베이징대 생활을 통역대학원 진학준비에 올인하면 말이다. 동시통역으로도 넉넉하고 행복한 삶을 영위할 수 있겠지만, 나는 외교관의 기본소양을 갖추고 외교 분야에서 중국 관련 최고의 전문가와 문화외교관에 도전하려고 한다.

더 큰 꿈을 갖고 도전하는 것! 이것은 지금까지 살아온 내 젊음의 믿음이었고, 앞으로 살아갈 날의 신념이다.

한 남자의 일생은 아버지의 삶을 어떻게 받아 들이냐에 따라 다르게 해석된다. 나는 사회정의를 위한 사명감으로 살라는 아버지의 말씀을 가슴에 새기고 그 꿈에 도전할 것이다. 더 이상 국력 때문에 본인의 능력이나 의지와는 무관하게 외국에서 피해를 보는 한국인이 없도록 대한민국을 위해 최선을 다할 것이다.

그러나 가정적인 남편과 아빠가 되는 일이 내 일생의 최대

과제이다. 한 촌놈이 인생의 주인이 되어 중국유학을 도전할 수 있었던 것은 가족의 성원 덕분이었다. 만약 가족의 사랑이 없었다면 내 항해는 시작되지도 않았을 것이다. 오마바 대통령의 "제 인생최고의 축복은 가족입니다. 정치인생을 제외하고 가장 소중히 여기는 것은 제 가족이지요"라는 말처럼 외교관이라는 꿈을 제외하고 나에게 가족보다 소중한 가치는 없다.

절대의 사랑을 보내주신 어머니께, 사명감으로 내 미래를 인도해주신 아버지께 감사드린다. 내 도전은 이제 가족에 대한 사랑과 사회에 대한 사명감으로 진행될 것이다.

이 책을 완성해가는 동안 본문을 마치고 결론을 쓰기까지 꽤나 긴 시간이 흘렀다. 더 성숙해지기 위해서는 기다릴 줄 알아야했다. 그리고 인내의 시간 끝에 내가 진정 해야 할 일을 찾았다.

심호흡을 크게 하고, 이제 나는 다시 달린다.

시네마 천국

어린 시절부터 영화보기를 좋아했다. 유년기에는 영화관에 가려면 부모님의 동행이 필요했고, 초등학교 고학년 시절을 보낸 청양에서는 CGV나 Mega Box 같은 대형 영화상영관이 없어 가끔 읍내체육관에서 하루를 정해 한편 정도를 상영하는 것이 고작이었다.

- PEKING UNIVERSITY

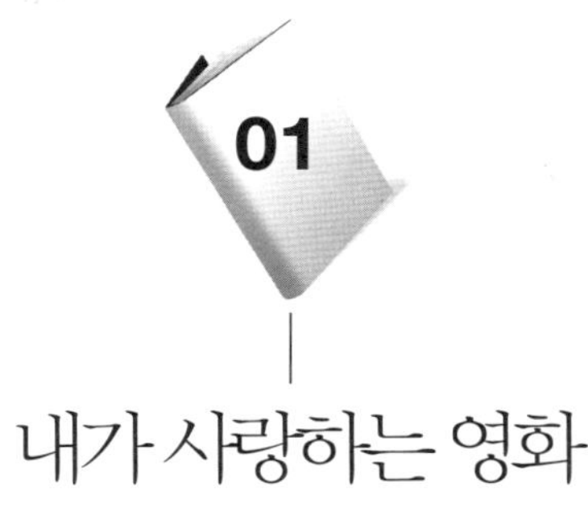

내가 사랑하는 영화

어린 시절부터 영화보기를 좋아했다. 유년기에는 영화관에 가려면 부모님의 동행이 필요했고. 초등학교 고학년 시절을 보낸 청양에서는 CGV나 Mega Box 같은 대형 영화상영관이 없어 가끔 읍내체육관에서 하루를 정해 한 편 정도를 상영하는 것이 고작이었다. 중국에서는 영화관에 갈 기회는 많았지만, 공부를 따라잡느라 영화관까지 갈 여유는 없었다. 그래서 유학 전에는 비디오로, 유학 후에는 DVD로 영화를 즐겼다. 처음에는 닥치는 대로 보았다. 줄거리가 판단의 전부였다.

체계를 갖고 영화를 보기 시작한 건 고등학교 때부터다. 시간이 생명인 고교 시절이기에 아카데미수상작 위주로 보았다. 크게는 아카데미 수상작과 非수상작으로 나누었고, 각 파트의 영화를 장르별로 정리하며 보았다.

〈간디〉, 〈뷰티풀 마인드〉, 〈브레이브하트〉, 〈글레디에이터〉, 〈타이타닉〉, 〈셰익스피어 인 러브〉 등 다양한 장르를 보았다. 하지만 장르를 막론하고 내가 얻을 수 있었던 건 아카데미 수상작들이 추구하는 가치, 즉 영웅주의, 절대적인 사랑, 가족애 등이 주는 안정감이었다. 정답이 정해져 있는 고등학교 교육 속에서 길러진 내 안목인지도 모른다.

내가 고정관념 없이 마음을 열고 영화를 보기 시작한 것은 대학 때부터다. 다양한 각도로 영화를 볼 시간적 여유도 생겼고, '非 아카데미수상작'들의 매력을 알게 해준 호마 형의 영향도 크다. 나는 자유로우면서도 체계적으로 영화를 감상했다. 장르별, 배우별, 감독별, 국가별, 각종 영화제 수상작품별, 소설, 만화원작 기반을 둔 영화, 영화 속의 기법, 음악과 의상 등 최대한 다양한 시각에서 영화를 볼 수 있도록 노력했다.

나는 특히 멜로를 좋아한다. 여태껏 연애 한번 제대로 해보지 못해 영화를 통해서나마 대리만족을 하나보다. 곽재용 감독의 멜로는 유쾌하다가 진지하게 끝나거나 처음부터 운명적으로 시작된 사랑이 비극적이거나 아름답게 끝난다.

곽 감독님의 〈엽기적인 그녀〉, 〈내 여자친구를 소개합니다〉, 〈싸이보그, 그녀〉, 일명 '여친 3부작'은 '미래에서 온 그녀'를 주제로 해서 관객들에게 웃음을 선사하다가 마지막에 코끝을 찡하게 한다. 〈클래식〉이나 〈데이지〉처럼 사랑의 기쁨과 슬픔 그리고 아름다움이 선명한 작품들도 있다.

박진표 감독 실화 바탕의 〈너는 내 운명〉, 〈죽어도 좋아〉는 영원한 사랑이 현실에서도 가능하다는 것을 보여준다. 허진호 감독은 잔잔하게 영원한 사랑을 보여줬던 데뷔작 〈8월의 크리스마스〉와는 달리, 변하지 않는 사랑보다 변하는 사랑, 상식 밖의 특별한 사랑을 연출한다. 〈봄날은 간다〉, 〈외출〉, 〈행복〉, 〈오감도〉 같은 작품들이 그것이다. 이런 작품들은 곽재용 감독의 작품과 같은 낭만적 요소는 떨어지지만, 자신의 감정에 솔직해질 수가 있어서 좋다. 사랑은 현실이기도 하니까.

사람의 본성을 조금 더 생동감 있고 입체적으로 표현하는 감독이 김대우 감독이 아닐까. 〈음란서생〉에 이어 〈방자전〉까지. 조선시대에 살고 있는 주인공들은 모두 양반이지만 적나라하게 '색(色)'을 추구하고 표현한다. 주인공들을 노골적으로 해부한 끝에 마지막에 가서 지극히 인간다운 그들의 모습을 발견할 수 있다. 입체적인 캐릭터들을 보고 있노라면 웃음을 터트리게 된다. '인간의 본성은 변하지 않는다. 그리고 인간은 진화하지 않는다. 오로지 기술과 제도만이 발전할 뿐이다'라는 명제가 떠오른다. 기분 좋은 각성이다.

장르를 넘나들고 대한민국 역사와 사회에 대해 연출하는 강우석 감독의 스케일도 즐기지만, 〈한반도〉나 〈신기전〉에서 보여줬던 민족주의에 대해서는 즐기는 데 그치지 않고 깊이 생각해본다.

때론 〈러브레터〉와 같은 일본 멜로의 잔잔함을 감상하기도 하고, 〈워킹 타이틀〉 특유의 유쾌함과 영국식 발음이 곁들어진 로맨스를 느끼기도 한다. 〈시카고〉, 〈물랑루즈〉, 〈오페라의 유령〉처럼 뮤지컬이나 오페라와 같은 음악형식과 융합해 만든 좀 더 빠른 템포의 영화를 볼 때도 있다. 힙합을 주제로 하는 〈스텝업〉, 〈8마일〉은 템포가 한층 더 빨라진다. 〈킬리만자로의 눈〉과 같은 소설원작 영화의 표현법을 소설의 언어와 비교하는 재미도 쏠쏠하다. 실화바탕의 〈밀리언 달러 베이비〉, 〈지상최고의 게임〉, 미국사회를 적나라하게 비판하는 〈아메리칸 크라임〉, 〈아메리칸 싸이코〉도 재미있다. 외국영화는 아직 체계가 잡히지 않아, 감상한 영화들을 소개하노라면 이야기가 길어지니 여기까지 하는 게 좋을 듯싶다.

완전히 주관적인 견해지만 전도연 씨나 유지태 씨는 캐릭터에 완전히 자기를 던지는 헌신형 연기자라고 생각한다. 반면, 이병헌 씨나 조승우 씨의 연기는 절제의 미학을 갖추고 있다.

연기의 철학은 조금 다르다고 생각되지만, 그들 모두 캐릭터 변화에 능숙하다. 하지만 아무리 변신을 잘한다 해도 최민식 씨나 송강호 씨의 역할은 대체하지 못할 것이다. 내가 영화를 보는 이유 중 하나는 책 쓰는 영감을 얻기 위해서다. 좋은 영화를 보면 완성도와 스타일에 대한 감각을 유지할 수 있다.

최민식 씨, 송강호 씨의 농도 짙은 연기는 어떤 작품에서든 캐릭터 자체에서 완성도와 스타일을 느낄 수 있다. 그들의 연기를 보고 있노라면 저절로 고개가 숙여진다. 주인공 못지않는 조연들도 있다. 주연들만큼 변신에 능숙하진 않지만, 연기의 완성도는 작품을 안정적으로 전개하도록 돕는다. 오달수 씨, 오광록 씨, 윤제문 씨는 내가 좋아하는 조연배우들이다.

'영화'에 '영'자도 제대로 모르는 영화 애호가의 건방진 평가를 부디 넓은 아량으로 용서해주길 바란다. 하지만 내 영화평을 무시하더라도 영화 보는 방식의 변화에는 주목할 만한 점이 있다고 생각한다. 닥치는 대로 보는 방식, 씨를 뿌리고 수확을 하는 것처럼 영화에 시간과 돈을 투자해 안정감과 휴식을 가져가는 방식, 영화의 세계에 온전히 들어가 나름의 체계를 갖추면서 보려는 방식 등 영화를 보는 방법 역시 유목민과 정착민의 과정에 걸쳐 철학자가 되는 변화를 겪었다.

하지만 공부보다 영화에서 먼저 이 3가지 유형의 유기적인 관계를 알게 되었다. 공부보다 영화를 조금 더 사랑하기 때문일 것이다. 시기적인 상황에 따라 '유목민', '정착민', '철학자' 중 하나에 중점을 둬야겠지만, 삶을 큰 흐름으로 보았을 때 삼자는 이런 관계를 갖고 있다. '유목민'처럼 안이한 삶을 포기하고 모험을 하지 않는 다면 내 안의 '철학자'는 성장하지 않고, 결국 '정착민'은 주기적으로 찾아오는 권태와 제자리걸음 하는듯한 일상을 살다가 삶을 마감할 것이다. 봉준호, 박찬욱, 그리고 이창동 감독님을 초청하여 이 메시지에 대한 한층 깊은 해석을 들어보고 싶다.

한국의 3大 천재감독

어머니 친구 중 MBC에서 PD를 하는 분이 있다. 그분께서는 내가 방학기간에 한국에 들어올 때면 항상 밥을 사주곤 했는데, 그때마다 조언도 잊지 않으셨다. 한번은 외국에 나가 있는 내가 혹시 한국의 대중문화와 동떨어져 한국 젊은이들 사이에서 이방인이 되지 않을까 염려됐는지 중국에서도 한국 드라마나 영화를 챙겨보라고 당부하셨다. 다른 건 몰라도 봉준호, 박찬욱, 이창동 감독을 '한국의 3大 천재감독'이라고 평가하시면서 그분들의 영화를 꼭 보라고 하셨다.

사실 유학생들도 한국에 있는 학생들 못지않게 한국의 예능 프로, 드라마, 영화에 관심이 많다. 단순히 소속감뿐만 아니라 모국에 대한 그리움 때문이다. 세 감독이 '한국의 3大 천재감독'이라는 공식적인 평은 없지만, 나 역시 3대 천재감독을 골라야 한다면 이 세분을 선택하는 것에 이의가 없을 것이다. 공교롭게도 이 세분은 각각 다른 연출 스타일로 '유목민' '정착민'과 '철학자'의 리듬을 익히고 적절히 조율해야 한다는 내 도전의 철학을 잘 반영해주기도 한다.

봉준호 감독의 작품들은 '유목민'적인 연출법에 가깝다. 카메라 렌즈는 정지하지 않고 끊임없이 움직인다. 정착지 없이 떠나는 유목민처럼. 그의 영화는 구성이나 메시지 보다는 영화의 템포를 즐기는 듯하다. 가장 봉준호적이라는 〈마더〉도 그러하다.

박찬욱 감독의 영화는 '철학자'의 연출법을 사용한다. 그는 템포보다는 구성과 표현을 중요시하며 신(Scene)과 신 사이의 전개에 '이유'를 강조한다. 또한 표현은 독창적이면서 자극적이다.

봉준호 감독과 박찬욱 감독의 공통점은 관객을 역동적으로 자극시킨다는 것이다. 봉 감독님은 템포로, 박 감독님은 구성과 표현으로써 관객들의 세포 하나하나를 자극하여 진정성이 깨어 있도록 한다. 또 두 분 영화의 음악들은 모두 소장가치가 있다. 이런 공통점들 때문에 두 분이 친한 걸까?

이창동 감독의 영화는 끝이 중요하다. 주인공들의 삶은 남들보다 부조리해 보이지만, 일상에 조금만 관심을 기울여 보면 누구에게나 벌어질 수 있는 그런 운명이란 것을 발견할 수 있다.

이창동 감독의 대표작인 〈오아시스〉, 〈밀양〉, 〈시〉 모두 그러하다. 이 작품들은 70% 고통과 30%의 행복으로 이뤄졌다. 고통은 우리 모두의 숙명이며, 행복은 우리가 어떻게 사느냐에 따라 좌우되는 운명이다. 이창동 감독의 마무리는 지극히 잔잔하고 고요하다. 마치 해변에 위치한 오두막에서 파도소리를 들으며 낮잠을 자는 것처럼 편안하지만, 가슴 한편으로는 쓰라림이 있다. 일상적인 스토리 전개에 아무런 변화가 없는 듯하지만 우리는 가장 평화스런 때의 현실로 돌아와 있다.

그렇게 삶의 부조리함에 대한 평상심으로 행복을 추구하는 용기를 얻게 된다. 마치 수확의 날만을 생각하며 모든 노고와 날씨의 변화를 덤덤히 받아들이고 경작을 하러 나가는 정착민처럼.

어차피 인생은 고해(苦海)다. 세 분의 감독은 자기 특유의 연출법으로 행복을 추구하라고 격려한다. 멈추지 않고 떠나는 유목민의 템포로, 이유를 갖고 표현하는 철학자의 사색으로,

삶의 부조리함에 담담한 정착민의 평상심으로. 그리고 변하지 않는 것에 대해서는 태연하게, 변할 수 있는 것에 대해서는 깨어있음으로.

"영화광들이여, 잊지 말라. 당신의 영화가 모든 것을 가르쳐 주지는 못한다. 창가 너머로 보기보다는 직접 몸을 담글 때 바다는 더 잘 이해된다"는 박찬욱 감독의 말씀을 교훈삼아 이제 나는 인생이란 고해(苦海)에 몸을 담글 텐데, 두 손 모아 기도를 해야겠다.

"저에게 변하는 것과 변하지 않는 것을 분별하는 판단력을 주시고, 변하지 않는 것에 대한 평정과 변하는 것을 변화시키는 용기를 주소서!

엔딩 크레딧

언제부터인가 영화를 볼 때 엔딩 크레딧까지 챙겨보게 됐다. 크레딧을 보고 있으면 훌륭한 작품은 결코 감독과 배우에게만 달려 있지 않다는 것을 깨닫게 된다. 영화의 한 장면 한 장면은 제작팀, 연출팀, 촬영팀, 조명팀, 녹음팀, 미술팀, 소품팀, 의상팀, 분장팀 등 각 부서의 노력과 협력으로 만들어진다. 영화의 진정한 끝은 크레딧이다. 엔딩 크레딧은 사람이 시작이고 사람이 끝이다. 그리고 그 사이에 스토리가 있는 것이다. 그래서 나는 영화에서 엔딩 크레딧이 가장 중요하다고 생각한다.

나의 책을 한 편의 영화라 생각하고 크레딧을 달았다. 내 스토리가 탄생하기까지 함께 해주시고 도와주셨던 분들께 이 자리를 빌려 감사함을 표현하고 싶다. 그리고 이 책의 완성을 온전히 그들에게 바친다.

연출, 각본	이겨레
출판	매경출판
편집, 수정	김복희, 이세나
홍보대사	현유영
후원	제성환

Cast

나의 조국	대한민국
근면성실	이부구(할아버지) 김복경(할머니)
불굴의 의지	故 김재혁(외할아버지) 손선덕(외할머니)

사명감　　　　이병만(아버지)

절대적인 사랑　김복희(어머니)

철학자들　　　호마 라파게트 Romain Lafarguette

　　　　　　　쇼다이 이츠가와 Shodai Ichikawa

　　　　　　　스레이칸 Shruikan

Fam(Family)　　김민철, 김영익, 김진환, 윤성민, 진형원,

　　　　　　　강민혜, 김민주, 박은지, 양해인, 이주희

도시락 연맹　　장쟈이(张嘉益), 쩌우펑양(邹丰阳), 장치엔원(张倩雯),

　　　　　　　구딴이(谷丹怡), 쉬허옌(徐赫颜), 리리(李立)

FOC　　　　　 리우창(刘倡), 양뤠이(杨睿), 리우루(刘璐),

　　　　　　　션다(沈达), 왕챠오(王超), 까오버(高博)

젊은 날의 우상　홍정욱

　　　　　　　버락 오바마

도전하는 사람들 김연아, 박지성, 비

고마우신 분들

이주임 큰아버지(李志保 大爷), 11고 장뗀핑 교장선생님(张殿平 校长),
쉬나(徐娜), 리펑지(李凤芝), 주린(朱琳) 담임선생님, 왕하이타오(王海涛)
기자, 구판용 회장님, 김종규 회장님, 김현일 감사님, 제성환 회장
님, 석철진 박사님, 박정근 PD님, 이강렬 국장님, 허준 국장님, 김

병규 교장선생님, 양민 교장선생님, 이기호 교장선생님, 혜리 선생님, 권향미 주간님, 안선희 편집장님, 원승교 위원님, 홍소영 사장님, 구암 스님, 동은 스님, 임용래 목사님, 현우 스님

나의 가족들

이병득, 이병기, 이혜정, 마이꼬 이병희, 이병옥, 이병주, 수형이, 아야또, 레미, 재웅이, 미란이, 득영이, 조학이, 국학이, 민이, 민지, 반계 큰집 식구들

김명석, 김윤석, 김경석, 김정희, 김낙웅, 김낙정, 김낙준, 김지연, 김낙헌, 김낙영, 오명호, 오봉인, 오현민, 오현정, 학붕이 삼촌, 필성이 삼촌, 안상이 이모, 광명이 누나, 기채 형, 정환이, 현우, 지우, 김광엽, 김시화, 김옥, 김준, 최인용, 최원진

학교에서 만난 사람들

초등학교 1학년 담임선생님, 베이징대학교 부속초등학교 한국친구들, 철봉이 삼촌, 바트바터 외 몽골 친구들, 그리고 홈스테이 주인아주머니, 남상호, 문규열, 한완식, 임영남, 류희순, 장석구 비봉초등학교 담임선생님, 황우영 비봉초등학교 교장선생님, 김

하나, 류가혜, 이민재, 이정현, 조범식, 황미순, 태국형 오아, 12
층 박사님, 아담누나, 사랑누나, 고려대 호영이 형, 용주 형, 승목
이 형

맹교무주임 선생님(孟主任), 양시쳰아저씨(杨叔叔), 샤오원버(笮文博), 리
우뤄주(刘若竹), 챠오난(乔楠), 렌샤오롱(廉晓龙), 량량(亮亮)

최유학생 담당선생님(崔老师), 씨쓰(施思), 루야오(路遥), 한저(韩哲), 린썬
(林深), 양시(杨曦), 장시한(张诗涵), 위하이쿼(于海阔) 303 싱쥔난(邢竣男),
왕펑(王鹏), 장쑤치(张书奇), 티엔제원(田杰文), 씨천양(谢晨阳), 리쟈쥔(李佳
俊) 312 위양(于洋), 리우창(刘倡), 양뤠이(杨睿)

김도훈, 김유진, 김영익, 신정화, 최필진, 하동하 외 논객 멤버들,
김가예, 정다은 외 MUN 친구들, 김대식, 윤종현, 고승우, 이한나,
신형훈, 김우람, 이현진 외 자랑스러운 국관선배님들, 김유경, 노
수지, 이경진, 이소림, 이정현, 정아연, 오진석, 전종우, 지현, 채지
운, 최원석, 하동인, 한기현, 라이판(李一凡), 린빈빈(林彬彬), 허딩딩(何
鼎鼎), 우판(吳凡), 왕신팅(王欣婷), 장샹(张祥) 외 사랑하는 국관동기들

강용석, 김봄, 김슬기, 김한, 남민주, 노마리아, 반청훈, 서주원, 이
요한, 이은혜, 전혜연, 허채은, 홍석조 외 후배들, 김만기, 김종미,

이영주, 조일현, 홍정욱 외 베이징대 선배님들

아엄친(아들처럼 대해주시는 엄마 친구분들)

꽁이 이모, 녹두 이모, 순영이 이모, 아진 이모(아진이모부), 유정 이모, 윤매 이모, 혜주 이모

충조 의원님, 권영갑 소장님, 서정욱 박사님, 경복궁 유 박사님, 경복궁 할아버지, 어리 할머니(이정자 이사장님), 김태범 회장님, 박종렬 교수님, 김명진, 남예슬, 박선빈, 방상기, 벤자민, 유평, 토미

FAFA에서 만난 사람들

허시(贺曦), 예총린(叶琼林), 왕쿤(王坤), 우쑤멍(吴思梦) 베이징대 선배님들, 김지연, 리우쩡이, 박정범, 왕푸창 외 FAFA 여름 프로그램 참석 친구들, 쑨위메이, 상용메이, 류춘샹 선생님, 강원장님, 김봉종 이사님, 김성일 국장님, 김은주 박사님, 김태균 원장님, 김현 단장님, 박영은 박사님, 송가일 감독님, 양은모 지회장님, 윤성은 선생님, 이동훈 위원님, 전대봉 위원님, 조갑제 이사님, 채성주 이사님, 최승오 위원님, 황원장님, 리밍위 여사님, 양센표 정위, 장샤(张霞) 현장 외 신황현 정부사람들

터키에서 만난 사람들

데리아 누나, 치한 코한, 이일재, 박미희, 민균이네 가족, 현유영, 현예린, 민은성, 박주이, 이태호, 나연숙, 소중희, 박지은

음악은 악장에 있는 것이 아닌 삶에 고스란히 스며있다던 베토벤의 믿음처럼 내 도전 또한 이 책보다는 삶의 곳곳에 존재하고 있다는 것을 믿는다. 글을 통해 기억되고 진행되었던 촌아이의 도전이야기는 이제 새로운 만남을 통해 유유히 흘러 갈 것이다.

부록

PEKING UNIVERSITY

베이징대, 칭화대 입학방법

중국 유학이 자신의 운명이라고 생각하는 분들을 위해 중국 최고의 대학에 진학하는 준비과정을 정리해보았다.

유학시기	입학시험	입학준비
조기유학	유학생 입시	국제부 미(未)인가 학교에서 시험준비
		국제부 인가 학교에서 시험준비
		국제학교에서 시험준비
		3개월~1년 전부터 입시학원에서 준비(2학년까지는 정상적으로 학교에 다님)
	중국수능	로컬스쿨에서 중국학생들과 함께 준비
고교 졸업 후 유학	유학생 입시	고교 졸업 후 입시학원에서 1년 준비
	예과반(預科班)	고등학교 성적, 예과반 1년여 간의 내신성적 HSK 성적 및 수학시험(경제, 경영학과 지망생)
	교환 프로그램	경희대 한·중 미래지도자 과정

* 국제부 미(未)인가 학교: 중국학생들만 다니는 로컬스쿨을 가리키고, 국제부 인가학교는 국제부 편성허가를 받은 학교를 말한다. 국제부 인가학교는 대부분이 중국학생이고 일부가 유학생인 반면 국제학교는 모두가 유학생이라는 데 차이가 있다.

유학생 입시

　　　　　　베이징대학교와 칭화대학교의 입학방법은 유학시기에 따라 달라진다. 고등학교 졸업 전에 중국에 공부하러 온 학생들, 즉 조기유학생들의 보편적인 입학방법은 '유학생 입시'를 통해서다. 중국학생들과 함께 중국수능에 참가할 수도 있었지만, 2010년까지 나를 비롯한 모든 중국수능 도전자들은 궁극적으로 유학생 입시를 통해 베이징대 혹은 칭화대에 입학했다.

　유학생 입시는 중국 대학들이 외국학생들을 뽑기 위해 매년 3~5월에 시행하는 외국 학생 특별전형시험이다. 중국수능보다 난이도가 떨어지지만, 학교 측에서는 유학생들의 수준향상을 위해 해마다 난이도를 높이고 있다. 베이징대와 칭화대의 유학생 입시 내용과 준비방법은 '부록 2'에서 자세히 기술할 것이다. '부록 1'에서는 유학시기에 알맞은 학교 선택에 대해 이야기하려고 한다.

1. 초등학교 유학

　초등학생 중국 조기유학은 저학년과 고학년으로 구분할 수 있다. 초등학교 저학년부터 유학을 보내면 언어를 빨리 익힐 수 있다는 장점이 있다. 어린 아이들은 서로 어울려 놀면서 말부터 트게 된다. 거기에 가정교사의 지도까지 받는다면 곧 언어에 체계가 잡혀 점차 학교 공부를 따라잡기 시작한다. 이렇게 4~6년을 중국에서 공부하면 중국아이들과 함께 졸업시험을 보고 졸업장을 따는 국제부 미인가 학교에서도 졸업할 수 있다. 비싼 학비로 웬만하면 졸업장을 주는 국제부 인가 학교에서 쉽게 졸업할 수도 있지만, 필자는 국제부 미인가 학교를 추천하고 싶다.

이유는 학비가 저렴하면서도 국제부 미인가 중학교에서 공부할 기초를 쌓을 수 있기 때문이다(국제부 미인가 학교 장점은 '중학교 유학'에 자세히 서술함). 한편, 초등학교 저학년 유학은 모국어의 미숙함과 한국문화에 대한 무지를 극복할 대안을 준비해야 한다.

필자의 경우에는 초등학교 저학년을 중국과 몽골에서 각각 2년, 1년을 보냈다. 만약 초등학교 4학년부터 중학교 1학년까지 한국에서 공부한 경험과 꾸준한 독서가 아니었다면 이렇게 한국어로 글을 쓰는 것은 불가능 했을 것이다.

초등학교 고학년 유학생들은 한국어 기초를 습득한 후에 유학생활을 한 것이기 때문에 독서습관만 기른다면 모국어와 중국어 모두 시너지효과를 내며 공부할 수 있다. 하지만 유학시기가 늦으면 늦을수록 국제부 미인가 학교에서 졸업장을 따기는 어려워진다는 단점이 있다.

개인적으로 조기유학은 빨라도 중학교 때 보내는 것이 바람직하다고 생각하지만, 굳이 초등학교 때 유학을 보낸다면 아래와 같은 형식을 권하고 싶다.

(1) 중국유학에 관심 있는 학부모들은 언어습득 능력이 빠른 초등학교 시기에 '해외 체험학습'이라는 사유로 1~2년간 유학을 보낸다. 어린 시절 배운 언어는 금방 익히는 반면 금새 잊혀 진다. 하지만 그 감각은 평생 가기 때문에 후에 다시 공부할 때 쉽게 배울 수 있다.
중국에서 체험학습을 마친 후 한국에서 초등학교 졸업장을 따고 중학교 혹은 고등학교 때 정식으로 중국유학을 가는 것이 좋다.

(2) 자녀의 중국유학을 굳게 결심했다면 초등학교 고학년 시기에 유학을 보낸다. 아이의 수준과 학습능력에 따라 국제부 미인가 학교 혹은 인가 학교를 결정한다. 어떤 학교를 선택하든 초등학교 때에는 졸업과 중국어 능력향상을 주요 목표로 국제부 미인가 중학교에서 수업을 수월하게 따라 잡을 수 있도록 한다.

2. 중학교 유학

　조기유학은 빨라도 중학교 때부터가 바람직하다고 앞서 언급한 바 있다. 부모님에 의해 일방적으로 지도를 받아야 하는 초등학교 때와는 달리 중학교 때부터는 유학 당사자의 의지와 생각을 유학에 반영할 수 있다.

　중국유학은 국제부 미인가 학교와 국제부 인가 학교 사이의 학교선택이 매우 중요하다. '베이징대, 칭화대 입학을 위해 어떤 중학교를 선택해야 하나?'에 대한 문제에 앞서 졸업 평가에 대한 조사도 선행돼야 한다. 국제부 미인가 학교에서 졸업장을 따기 위해서는 중국학생들과 함께 졸업시험에 참가해 각 과목에서 60점 이상을 획득해야 한다.

　한국에서 내가 이렇게 국제부 미인가 학교를 강조하는 이유는 단순히 국제부 인가 학교보다 학비가 저렴해서가 아니다. 베이징대, 칭화대에서는 국제부 미인가 학교에서 공부한 경험이 있는 학생을 선호할 뿐 아니라 당사자에게도 더욱 알찬 중국유학이 될 수 있다. 목표를 갖고 중국아이들과 경쟁하고 교류하면 중국어뿐만 아니라 중국문화까지 체험할 수 있다. 그 나라에 가면 그 나라 아이들과 함께 그 문화 속에 빠져 공부해야 한다는 부모님의 교육관이기도 하다.

　중국유학 경험이 없는 상태에서 중학교 2학년 혹은 3학년

때 유학을 갔다면, 졸업을 목표로 하고 중국어실력을 다지는
게 최우선이다. 기초를 튼튼히 쌓고 고등학교 때부터 착실히
베이징대나 칭화대를 준비해도 늦지 않는다.

중국은 가을에 새 학년이 시작되기 때문에 한국보다 한 학
기가 늦다. 초등학교를 졸업하거나 중학교에서 한 학년을 마
치고 중국에 유학을 가면 한 학기가 남게 된다. 한 학기 동안
중국어를 익히기 위해 매 시간을 소중히 활용해야 한다. 입학
할 중학교에서 한 학기를 한 번 더 다니면서 중국어를 공부할
수도 있고, 대학에서 한 학기의 랭귀지 코스를 밟는 것도 좋은
방법이다.

3. 고등학교 유학

초등학교, 중학교가 중국어 기초를 쌓고 많은 과목들을 중
국어로 공부하고 시험 보는 것에 적응하는 시기였다면, 고등
학교는 자신이 지향하는 대학을 준비하고 관리해야 하는 단계
다. 학년이 올라갈수록 시간관리에 더 철저해져야 한다.

국제부 미인가 학교에서 중국아이들과 공부하다가 유학생
입시 3개월 전(고교 졸업고사를 마친 시기)부터 자습으로 베이징대와 칭
화대를 준비할 수 있다. 내가 다닌 고등학교는 국제부 인가 학
교였지만, 외국학생들이 적어 국제반이 따로 없었다. 나를 비

롯한 몇몇 한국 유학생들은 입시학원에 가지 않고 자습을 하면서 유학생 입시를 준비했다. 중학교 때부터 중국어 기초를 쌓고, 고등학교 때 중국아이들과 성실히 공부했다면 입시 전 시험범위에 알맞게 자습을 하는 것 역시 충분히 가능한 방법이다.

중학교를 갓 졸업하거나 고교과정 중에 유학을 택한 학생들은 중국어 기초를 쌓는 동시에 대학 입시를 준비해야 하므로 자습보다 더 효율적이고 확실한 방법을 선택한다. 예를 들면, 국제부 인가 학교에서 공부를 하다가 입시학원에서 1년 동안 준비한다. 유학생 입시를 위한 커리큘럼이 있는 국제부 인가 학교 학생들도 대부분 입시 전에 입시학원으로 몰려든다. 심지어 초중고 때 유학한 학생들까지도 대부분 입시학원에서 짧은 기간 공부하면서 준비한다. 아무리 준비를 잘해도 심리적으로 불안은 피할 수 없어서다.

한국에서 좋은 성적으로 고등학교를 졸업한 학생들은 1년간 중국의 입시학원에서 시험을 준비하여 유학생 입시에 도전해볼 수 있다. 하지만 이런 경우에는 예과반을 통해 베이징대 혹은 칭화대를 준비하는 것이 좋다고 생각한다. 입시학원은 합격만을 목적으로 하지만, 예과반은 합격 후 학교생활의 적응까지 고려해 중국어를 집중적으로 교육시키기 때문이다.

예과반(预科班)

베이징대는 부설 예과반이 있고, 칭화대에는 사설기관 칭화대 예과반이 있다. 베이징대 부설 예과반은 HSK 4급 이상 외국(중국 이외의 모든 나라) 고등학교 졸업자를 대상으로 서류심사와 면접시험 합격자에게 1년여 간의 중국어 교육을 실시한다. 예과반 내신성적(작문시험 중요)은 예과반 교육기간 동안 획득한 HSK성적, 유학생 입시 수학성적(베이징대 경영학과 · 경제학과를 지망하는 학생에게 중요) 등을 종합하여 최종합격자를 선발한다. 예과반을 통해 베이징대에 입학한 학생들은 외국학생 합격자의 3분의 1(유학생 입시는 3분의 2)을 차지한다.

※ 자세한 내용은 베이징대 국제협력부 홈페이지 참고

사설기관 칭화대 예과반은 칭화대 특별전형 시험에 참가해야 한다는 점에서 베이징대 예과반과 성질이 다르다. 베이징대 부설 예과반 1년 수강료는 2010년 기준으로 2만 6,000위안(2010년 8월 환율기준으로 약 450만 원)이다. 칭화대 예과반 수강료는 수업이 많고 합격 보장성이 높다는 이유로 훨씬 비싸다. 대신 칭화대 합격자의 3분의 2정도가 예과반 출신인 만큼 합격률이 높다.

교환 프로그램

베이징대와 칭화대에서는 한국의 대학교와 연계한 교환 프로그램이 있다. 한 예로 2003부터 2010년까지 운영했던 베이징대와 경희대 사이의 교환 프로그램이었던 '경희대 한·중 미래지도자 과정'에 대해 간단히 소개하겠다.

'경희대 한·중 미래지도자 과정'은 김종미 교수께서 베이징대와 협력하여 재중 한국 유학생의 수준을 높이기 위해 만들어진 프로그램이다. 이 과정은 한국의 우수고등학생들과 베이징대 교수들을 직접 연결해 집중적인 중국어 교육을 도와준다. 2003년부터 2010년까지 이 프로그램에서 매년 평균 40명 정도의 학생을 베이징대로 보냈다. 하지만 아쉽게도 계약기간이 끝나 2010년부터는 운영을 하지 않는다. 교육과정은 한국 대학에서 추진하기 때문에 관심있는 학생들이나 학부모들은 평소에 한국 대학의 각종 프로그램을 신문, 인터넷, 캠퍼스 광고를 통해 주시해야 한다.

※ 자세한 내용은 경희대 국제교육원 한·중 미래지도자 과정 홈페이지 참고

베이징대학교

1. 접수

베이징대의 접수기간은 2008년의 경우 3월 3일부터 3월 7일까지로 베이징대 홈페이지에서 입시소개에 대한 'General Information'을 다운 받아 준비 자료를 체크했다. 그리고 유학생 담당선생님을 찾아가 필요한 자료를 받았다.

아래는 2008년도에 제출한 자료들이다.

① 예비졸업증명/졸업증, ② 성적증명, ③ 추천서,

④ 외국인 유학생 입학신청서(本科生),

⑤ 여권복사본, ⑥ 여권사진 4장,

⑦ HSK 시험 6급 이상의 '중국어 수준 증명서(汉语水平证书)' 원본

HSK의 '중국어 수준 증명서'는 유효기간이 2년이다. 이 점을 참고하여 유학생 입시 전까지 6급 이상의 성적을 얻어야 한다. 학원을 다니거나 과외를 받으면서까지 준비할 필요는 없다. 학교공부에 집중하고 시험 일주일 전부터 최근 경향의 HSK 시험 문제를 풀어보면서 시험유형에 적응하는 것이 중요하다. 시험은 4월과 10월에 있는데 구체적인 내용은 홈페이지 (http://www.hsk.org.cn/)를 참고하면 된다.

2. 접수 후~ 필기시험

접수를 마치고 나면 시험일까지는 약 40일 정도가 남는다. 이 기간은 입시에서 가장 중요한 시기라고 볼 수 있다. 이때 스스로를 철저히 관리하면서 시간을 효율적으로 사용해야 한다.

(1) 입시 준비자료(考试资料)

베이징대에서 제공하는 입시 준비자료는 '입시강령(考试大纲)'과 '복습자료(复习资料)'로 나누어지고, 이 자료는 접수처에서 구매할

수 있다.

'입시강령'을 통해 베이징대 입시가 학생들에게 요구하는 각 과목의 학습범위와 능력을 파악할 수 있다. '입시강령'은 베이징대 입시의 나침판 같은 것이므로 정독해주는 것이 좋다. '복습자료'는 각 시험 과목의 유형을 알 수 있는 문제지라고 보면 된다.

주의사항: 중국개황(中国概况)과 역사(历史)의 '복습자료'는 문제지가 아닌 교재형이기에, 최근 몇 년간의 시험 문제로 유형을 파악해야 한다.

(2) 자습, 수업·선생님

접수를 마친 후, 영어와 수학수업에는 100% 참가했고, 다른 과목은 자율적으로 공부했다. 예를 들면 국어와 역사수업이 베이징대 입시와 직접적인 관련이 있으면 참가했고, 관련이 없으면 자습으로 대신했다. 그리고 '입시강령'과 '복습자료'의 방대한 양의 내용을 외우고 문제를 풀었다. 잘 풀리지 않는 문제는 최대한 스스로 해결책을 찾았고, 같은 패턴의 문제를 연속적으로 틀릴 때는 선생님께 지도를 받았다.

(3) 시험 일주일 전

시험 일주일 전, 나는 '완전 자유화 관리'를 요구했다. 11고등학교는 유학생 입시를 위한 커리큘럼이 따로 없어, 나만의 복습시간을 달라고 선생님께 부탁했다. 먼저 리스트를 만들어 복습에서 빠트린 것은 없는지 체크하고, 준비가 미약하다 싶은 과목은 선생님께 최종지도를 받았다. 중국어는 어문 선생님 지도하에서 체계적이고 안정적으로 시험 준비를 할 수 있었다.

2008년 4월 9일. 창춘에서 밤기차를 타고 그다음 날 아침 베이징에 도착했다. 학교근처의 호텔을 잡고 점심식사를 했다. 첫날은 그렇게 주위환경에 적응하면서 휴식을 가졌다. 저녁에는 '복습자료'로 수학 모의시험을 보았다. 그리고 4월 11일을 '가상시험일'로 정해놓고 그에 알맞은 스케줄을 짰다.

(4) 가상시험일(4월 11일)

모든 활동기준을 시험에 맞추고 오전 8시 30분까지 시험장소에 도착했다. 수학과 영어에 비해 약한 중국어와 종합(역사와 중국개황) 시험을 오전과 오후에 각각 치렀다. 점심은 학교근처에서 먹었다. 맛도 중요하지만 위생과 가격 등을 미리 알아두는 것이 좋다. 식사 후에는 오후 컨디션을 위해 15분 정도 수면을 취했다. 모의시험을 마치고 호텔로 돌아와 저녁식사를 한 뒤, 다음날 스케줄을 검토하고 일찍 취침했다.

(5) 시험 날(4월 12~13일)

시험 날 가장 중요한 것은 '올바른 마음가짐'이다. 모의시험은 시험 날 긴장을 풀어주는 데 큰 도움이 되었다. 시험 당일에는 '가상시험일'보다 조금 더 일찍 도착했다. 수험장 앞에는 수백 명의 유학생들이 대기하고 있었다. 문이 열릴 때까지 친구들과 대화를 나누고 필기해놓은 노트를 한번 쭉 훑어보았다.

첫 과목은 중국어다. 첫 번째 시험은 긴장이 따를 수밖에 없다. 그러나 시험에 집중하다 보면 마음이 차분해진다. 중국어 시험은 매년마다 문제량이 다른데, 2008년의 독해 문제가 너무 많아 문제 푸는 속도에 주의해야 했다. 점심에는 '가상시험일'의 꼼꼼한 준비 덕분에 맛있고 깔끔한 식사와 충분한 휴식을 할 수 있었다. 오후에 치러진 종합시험에서는 오전의 긴장이 가시지 않았지만, 금세 자신감을 찾았다. 그리고 교훈 하나를 얻었다.

베이징대의 시험 문제는 실력 있는 학생에게는 그리 어려운 수준이 아니다. 그러나 긴장상태로 시험을 본다면 알고 있는 것조차 생각나지 않을 수 있다. 마음을 가다듬고 시험에 임하면 '실력'은 시험을 치르는 '능력'이 된다. 차분한 마음으로 문제를 두 번 보자. 처음 문제를 볼 때는 문제의 취지를 바로 알고, 다음에는 침착한 마음으로 배웠던 것을 하나씩 떠올려보

자. 침착하면서도 빠르게 생각하자.

둘째 날의 수학과 영어시험은 순조롭게 볼 수 있었다. 필기 결과는 약 20일 후에야 나온다. 2008년에는 5월 5일 성적이 나왔고, 5월 10일에 면접시험이 있었다. 면접 준비를 하루 뒤로 하고 같은 달(5월)에 치러지는 칭화대 유학생 입시 원서를 접수했다. 그리고 칭화대 필기시험과 베이징대 면접시험을 동시에 준비했다.

3. 베이징대 면접시험(5월 10일)

이 날은 면접시간보다 20분 먼저 도착해 조 편성을 한다. 면접시험장에 들어가면 5명의 학생들과 3명의 교수님들이 마주 앉는다. 90도로 "라오스먼, 닌하오"라고 정중하면서도 밝게 인사했다. 2008년 면접 문제는 '공통질문'과 '개인질문'으로 나누어졌다. 우리 조의 공통질문은 "자기소개를 하시오. 그리고 자신이 선택한 과가 자신의 꿈과 어떤 관계가 있는지 설명하시오"였다.

난 자기소개에서 이름, 출신학교, 취미, 특기, 중국에 오게 된 이유, 베이징대를 선택하게 된 이유에 대해 대답했고, '전공선택과 꿈의 관계'에 관한 질문은 평상시에 생각했던 대로 답했다. 여기에서 주의해야 할 점은 학생의 답변을 토대로 교수님들이 추가질문을 한다는 것이다. 그렇기에 사전에 예상 질문들을 꼼꼼히 준비해둬야 한다. 이런 교수님들의 '연속적 질문'은 '공통질문' 뿐 아니라 '개인질문'에도 적용된다.

'개인질문'은 제비뽑기 형식으로 하는데, 총 8개의 문제로 한 사람마다 단 한 번의 문제 교체찬스가 주어진다. 최대한 첫 번째 문제로 밀고 나가는 것이 좋다. 우리 조의 6개 문제를 나열해보았다.

① 종교에 대한 자신의 이해를 말해보시오.

② 학생 마음속의 '실크로드'는 어떤 것인가?

③ 학생 모국의 유명한 문학작품을 소개하고, 이 작품에 대한 자신의 평가를 말해보시오.

④ 오늘날 세계의 가장 심각한 환경 문제가 무엇이라고 생각하며, 이에 대한 자신의 해결방안을 말해보시오.

⑤ 짧은 몇 마디로 자국민들의 보편적인 성격에 대해 요약해보시오.

⑥ 모국의 세계적인 예술작품을 소개하고, 이 작품이 세계에 미친 영향에 대해 말해보시오.

주의사항

① 대부분의 문제는 자신의 국가에 대한 상황을 말해보라고 제시한다. 교수님들은 종교, 환경 문제와 같은 국제적 보편성을 가진 문제도 '연속적인 질문'을 통해서 범위를 자신의 국가로 축소시키기도 한다. 그러므로 답안을 모국 기준에 맞춰 준비하는 것이 좋다.

② 면접은 학생의 지식수준뿐 아니라 커뮤니케이션 능력도 체크하므로 다른 학생의 답변을 경청해야 한다.

③ 2007년도 면접은 성적과는 관계없이 학과 분류의 기능으로 사용되었지만, 2008년에는 최종성적에도 영향을 미치게 되었다. 그러므로 차기 베이징대 지망생들은 면접 준비에도 각별히 신경을 써야 한다.

베이징대 입학을 위해 꼭 알아야 하는 면접 질문 15

① 한국에서 본인은 어떤 학생이었나?
② 출신학교에 대한 소개
③ 출신학교의 총 인원 수? 그중 본인의 석차는?

④ 중국에서 생활은 어떻게 했나(중국학생들과 기숙사 생활을 함께했다고 하면 교수님들이 더 관심을 갖는다)?

⑤ 본인의 중국어 실력에 대한 평가

⑥ 부모님의 직업

⑦ 친한 친구나 지인 소개

⑧ 베이징대학교를 지원한 이유

⑨ 왜 한국 내에 있는 대학에 안 가고 베이징대에 지원했나?

⑩ 전공은 본인이 선택했나, 그리고 왜 선택했나?

⑪ 친구들은 어느 대학을 지원했나?

⑫ 한국, 중국에서의 생활비교

⑬ 본인이 가장 좋아하는 중국 고전 시에 대한 설명

⑭ 자료 주고 중국어로 읽어 보기

⑮ 특정시인의 특정작품에 대해 설명하기

칭화대학교

1. 접수

2008년 칭화대의 입시 접수기간은 4월 1일부터 4월 15일까지였다. 따라서 베이징대 입시를 마치고 칭화대에도 접수할 수 있다. 즉, 본인이 원한다면 동시지원이 가능하다.

2. 필기시험

베이징대와 칭화대 원서를 접수한 학생은 베이징더 입시를 마치고 약 한 달간(4월 14일~5월 9일)의 칭화대 입시 준비시간이 있다. 베이징대 시험결과를 기다리며 칭화대 시험을 준비하는 것이 좋다.

(1)첫째 날(5월 10일)

-오전(上午)

중국어지식(汉语知识): 중국어는 '현대중국어(现代汉语)'와 '고대중국어(古代汉语)'로 나누어진다. 2008년도의 칭화대 중국어시험에서 별도로 준비해야 하는 것은 '조자법(造字法)'과 '현대문독해(现代文阅读)'였다. 조자법은 어문 선생님께 지도를 받으면 되고,

현대문독해는 칭화대에서 제공하는 중국어 '복습자료'인《현대문문선(现代文文选)》을 '2008년 칭화대학 입시강령'의 요구에 따라 공부하면 된다.

고대한어(古代汉语)는 같은 방법으로 칭화대에서 제공하는 또 하나의 중국어 '복습자료'인《고문문선(古文文选)》을 '2008년 칭화대학교 입시강령'의 요구에 맞춰 공부한다. 만약 시험 전 중국어 복습이 약하다고 여겨지면, 선생님께 지도를 받는 것이 좋다. 베이징에 가기 전 어문 선생님께 체계적으로 지도를 받은 덕에 1시간 내에 '한어지식(汉语知识)' 시험을 마칠 수 있었다.

－ 오후(下午)

작문(作文): 칭화대 중국어시험은 '한어지식(汉语知识)'과 '작문(作文)'으로 나뉜다. 작문은 주제가 정해진 '주제작문'과 한 단락의 문장을 참고로 주제를 정해야 하는 '자료작문'의 두 가지 형식이 있다. 2007년과 2008년은 모두 자료작문(材料作文)이었기 때문에 선생님과 참고문장을 통해 알맞은 주제를 찾는 법을 훈련하는 것이 좋다. 시간이 넉넉한 편이어서 미리 잘 생각해두고 800자 이상의 요구를 충실히 따를 것을 제안한다.

상식(通识): 상식은 너무 걱정할 필요가 없다. 상식은 자연과학과 사회과학의 상식적인 문제를 낸다. 2008년에 제출한 두 문제를 적어보겠다. '물의 화학기호를 쓰시오.(정답 H_2O)', '현재 중국의 주석은 누구인가?(정답 후진타오)' 등 다른 문제들도 위와 같은 상식적인 문제들이다. 마지막 문제는 학생의 수학적 분석능력을 검토하는 문제인데, 유일하게 논리적인 사고를 필요로 한다. 앞의 문제를 빠르게 풀고 검토한 후, 마지막 문제에 집중하면 된다.

수학(数学): 칭화대 인문계 지망생들은 수학시험을 안 본다. 내가 지원했던 사회실험반(社会实验班, 법학·경제학·국제정치학을 하나로 합친 학과)만이 유일하게 수학시험을 보는 인문계 학과다. 칭화대 수학시험 문제량은 베이징대와 비슷하다. 그러나 마지막 문제의 난이도는 베이징대보다 높기 때문에, 수학에서 높은 점수를 받고 싶다면 입시를 준비할 때 난이도 높은 문제를 풀어보는 것이 좋다.

(2) 둘째 날(5월 11일)

영어(英语): 영어시험은 '영어 1'과 '영어 2'로 나누어진다. 영어 1에서는 1시간 30분 동안 객관식 문제를 풀고, 영어 2에서는 30분 동안 번역과 작문을 완성해야 한다. 객관식 문제를 최대한 빨리 풀고, 답안을 칠한 후 독해자료에 줄쳐진 내용을 보면 된다. '객관식 문제' 후 치러질 영어 2의 번역 문제가 바로 독해 중 줄친 내용에서 나오기 때문이다.

영어 번역은 '신(信), 달(达), 아(雅)[49]'의 원칙을 지키고, 영어작문은 요구대로 정확히 쓰면 된다. 단 시간이 부족하다는 것을 잊어서는 안 된다.

3. 칭화대학교 면접 준비

칭화대는 베이징대와 면접시험 제도가 다르다. 베이징대는 필기시험에 합격한 전원이 면접에 참가하지만, 칭화대는 영문학과와 같은 일부 학과 학생들만 임의적으로 뽑아 면접을 본다.

주의사항

2008년의 칭화대 필기시험 일정은 5월 10일~11일까지였다. 따라서 5월 10일에 베이징대 면접에 참가하는 학생에게는 지장이 있었다. 나는 베이징대 면접을 마치자마자 칭화대에 달려갔지만 1시간 늦게 도착했다. 한어지식(汉语知识)시험에는 총 2시간 중 1시간밖에 쓸 수 없었다. 다행히 모든 시험 문제는 풀

★★ 49) 정보를 정확하고 자연스럽게 전달하라

수 있었지만, 목표했던 결과는 얻지 못했다.

앞으로도 베이징대 필기시험과 칭화대 면접시험이 겹쳐질 것을 대비해 미리 세밀한 준비를 해둬야 한다.

'부록1', '부록2'를 마치며…

사실상 유학생에게 유학생 입시가 끝나면 대학 진학은 이미 결정된 것이나 다름없다. 불합격한 학생은 시험을 보지 않고 HSK 성적만으로 들어갈 수 있는 대학을 찾아보거나, 꿈꿔왔던 대학 진학을 위해 재수를 선택할 수도 있다.

나는 가슴 한편으로 희망해본다. 중국학생들이 일생에서 그토록 중요하다는 '중국수능(高考)'을 체험하고, 이를 통해 베이징대 혹은 칭화대에 합격하는 후배들이 탄생하기를.

겨레의 生生비법 3
베이징대 생활정보

1년 각종 경비

유학시기	베이징대학교(2008~2009년)	하버드대학교(2006~2007년)
등록금	약 455만 원	약 3,600만 원
의료보험	약 10만 원	약 165만 원
학생회비	약 1만 7,000원	약 240만 원
기숙사비	약 190만 원	약 630만 원
생활비	약 620만 원(52만 원x12개월)	약 880만 원

* 강인선 씨의 《하버드스타일》 참고, 두 학교 경비 모두 2010년 8월 환율기준으로 환산하였음.

베이징대학교 기숙사비

종류	가격
2인1실	약 190만 원
2인2실(구건물)	약 378만 원
2인2실(새건물)	약 630만 원
1인1실	약 566만 원

* 2010년도 기준으로 환산하였음.

장학금제도

중국에서 신청할 수 있는 장학금에는 중국 정부장학금, 베이징시 외국 유학생 장학금, 우수 외국 유학생 장학금 등이 있다. 한국에서는 삼성, 관정, STX 장학금 등이 있다.

교환학생 프로그램

미국 대학: 예일대, 스탠퍼드, 코넬대 등

영국 대학: 옥스퍼드대, 캠브리지대, 런던정치경제학원(LSE) 등

일본 대학: 동경대, 와세다대 등

한국 대학: 서울대 등

※ 자세한 내용은 베이징대 국제협력부 홈페이지 참고

수능을 마치고, 문득 중국학생들이 한국 유학생들에게 해줄 수 있는 조언이 있을 거라는 생각이 들었다. 나는 영재반 친구들을 엄선해 한데 모아 합숙을 하는 자리를 만들었다. 그리고 '한국 유학생들에게 하고 싶은 이야기', '중국학생들이 생각하는 공부의 왕도' 등에 대해서 토론을 하며 즐거운 시간을 보냈다.

그들이 보낸 편지를 이제서야 한국에 부쳐본다.

To 한국 유학생들

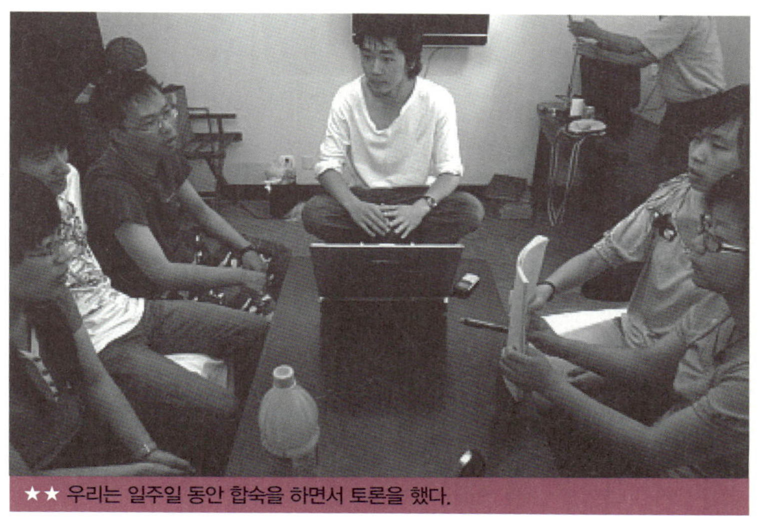

선다(沈达) : 한국 유학생들에게 하고 싶은 말은 중국에서의 공부도 중요하지만 자신의 조국을 잊지 않는 게 중요하다고 생각해. 우선 자신과 가족을 잘 챙기고 국가에 대한 책임감도 가졌으면 좋겠어.

리우창(刘倡) : 국가에 대한 책임감과 관련해 품격 있는 모습도 중요하다고 봐. 한 사람의 이미지가 한 국가의 이미지가 될 수 있으니까 말이야. 저우언라이(周恩来) 총리도 젊은 시절 유학생활을 하면서 가장 소중히 여긴 물건 중 하나가 거울이래. 거울 속에는 자신의 모습이 담겨있고, 자신의 모습 속에는 한 국가의 모습이 담겨있다고 생각했기 때문이지.

양뤠이(杨睿): 국가에 대한 책임감도 중요하지만 무엇보다도 고교 시절에는 자기를 계발하고 자아실현에 집중해야겠지. 그리고 유학생들도 물론 학습량을 소화하고 진도를 따라잡기 위해 어렵겠지만 최대한 공부와 운동, 그리고 휴식의 균형을 잘 맞췄으면 좋겠어. 좋은 습관을 가져야 효율적인 공부를 할 수 있으니까.

왕차오(王超): 운동이야기가 나와서 말인데, 나는 한국 유학생들이 운동회 같은 단체 활동에 적극적으로 참가해주었으면 좋겠어. 유학을 선택했으면 중국본토 친구들을 사귀는 것도 하나의 큰 재산이라고 생각해. 단체 활동처럼 아이들과 하나가 될 수 있는 기회도 없잖아.

리우루(刘璐): 중국학생들도 물론이지만 공부에서 가장 중요한 것 중의 하나는 절제력이지. 자신을 절제하는 좋은 방법은 플래너를 사용하는 것 같아.

왕차오(王超): 맞아. 하지만 계획을 세울 때 너무 욕심이 앞서서 지키지도 못하는 계획을 세우는 건 의미 없다고 생각해.

션다(沈达): 그래. 계획으로 자신을 관리해야지, 속박해서는 안 되지. 자기의 능력을 잘 알고 정확히 계획하여 실천에 옮기는 것이 중요해.

공부의 왕도

1. 중국어

리우루(刘璐): 고문(古文)은 고고학자가 될 것이 아닌 이상 중국 학생들에게도 실질적인 의미를 가지고 있지 않아. 이건 중국 정부가 고대의 문화유산을 잘 간직하기 위해 정책적으로 교육을 시키는 것이라고 봐야겠지. 그래서 내 생각에는 유학생들은 고대중국어보다는 현대중국어에 집중하는 게 좋을 것 같아.

선다(沈达): 내 생각은 좀 달라. 네가 말한 것처럼 고문(古文)을 분석하는 것에는 많은 시간을 투자하지 않아도 되지만, 고문 그리고 고시의 유명한 문구들은 외우는 것이 중요하다고 생각해. 이번에 쓰촨성 지진 때도 원(温) 총리께서 린저쉬(林则徐, 청나라 정치가)의 "국가의 이익을 위해서라면 내 한 몸 바칠 것이다. 어찌 내 개인의 안이 때문에 이를 그르칠 수 있는가(苟利国家生死以,

씀因禍福避趨之)"를 읊었는데 꼭 과거와 현재를 연결시키는 느낌이 었어.

리우루(刘璐): 과거와 현재뿐 아니라 대중과 연결시켜 주기도 하지. 중국인들은 초등학교 때부터 고시(古诗)를 외우니까, 유학생들이 많이 알아 두었다가 그 후에 나라를 대표하는 리더가 되면 중국과 외교를 하면서 중국인들과 쉽게 접근할 수 있는 유용한 도구가 될 수 있겠다.

양뤠이(杨睿): 고문(古文)과 고시(古诗)를 많이 아는 것도 중요하지만 나는 말을 유창하게 하는 것이 중요하다고 봐. 언어라는 것은 일상생활의 편리한 교류를 위해 창조된 일종의 도구라고 볼 수 있는데, 기초적인 언어능력도 없이 너무 욕심을 내는 것은 좋은 방법이 아닌 것 같아.

유학생들이 처음에 중국에 가면 HSK 시험 준비 혹은 문법 공부보다는 중국현지인들과 대화를 많이 나누는 것이 좋다고 생각해. 먼저 말을 트고 공부를 하면 훨씬 자연스럽게 중국어 공부를 할 수 있잖아. 너도 우리랑 기숙사 생활을 3년 동안 하면서 중국어 실력이 엄청나게 향상 됐잖아. 요즘에는 동북 사투리까지 써가면서 말이야.

왕차오(王超): 말이 트고 나면 끊임없이 표현력을 강화해야 하는데, 독서보다 더 좋은 방법은 없는 것 같아. 그리고 투쉰 선생님의 작품처럼 철학적이고 어려운 글보다는 조금 쉬운 글부터 많이 보는 게 좋겠지. 예를 들어 〈칭녠원자이(青年文摘)〉(중국의 젊은 친구들이 즐겨보는 잡지)에 나오는 글들은 어렵지도 않고 매우 재미있으면서도 감동적이야. 가끔씩 깊이 있는 글들도 있고.

리우창(刘倡): 〈두저(读者)〉(젊은이들이 즐겨 읽는 잡지)를 읽고, 그리고 무엇보다 평소에 마음에 드는 문구를 노트에 잘 적어놓으면 작문을 할 때도 큰 도움이 될 거야.

2. 수학

선다(沈达): 수학은 개념도 중요하고 공식도 중요하겠지만, 제일 중요한 건 수학에 대한 사랑이라고 생각해. 그리고 그 사랑은 스스로의 열정과 흥미, 선생님에 대한 지지에서 비롯되는 것 같아.

리우창(刘倡): 수학에 대한 사랑도 중요하지만 문제를 많이 풀어보는 것이 가장 중요해.

양뢰이(杨睿): 글쎄…. 그보다 중요한 것은 책에 나와 있는 개념을 정확히 이해하는 것이지. 3학년 때부터 불안정했던 내 수학성적이 안정적으로 항상 135점(150점 만점) 이상이었던 비법이 뭔지 알아? 그건 내가 3학년이 되기 전 여름방학 동안 문제풀이보다는 다섯 권의 수학 교과서에 나와 있는 개념을 전부 외우고 이해했기 때문이야. 다시 생각해보니 네 말도 맞긴 맞다. 만약 내가 2년 동안 선생님과 함께 그 많은 문제를 풀지 않았더라면 개념을 깊게 이해하기 힘들었을 거야.

나: 수능 150점 만점에서 120점은 기초 문제에 속하는데, 기초 문제는 유형이 정확하게 정해져 있잖아. 그런 기초 문제의 유형을 관리하는 최고의 방법은 오답노트인 것 같아. 3학년 때는 거의 모든 유형의 문제를 풀어보았으니까 자신이 참고서를 만든다고 생각했지. 유형별로 전형적인 문제 3~4개를 정리하면서 문제들을 몸에 익혔어. 문제 푸는 속도도 늘고, 논리적으로 답안을 서술하는 능력도 생기더라고.

3. 영어

양뢰이(杨睿): 수능을 위한 영어공부와 유학을 위한 영어공부는 구별할 수 있어야 해. 수능도 점차적으로 학생의 언어감각을 중심으로 문제를 내고는 있지만, 아직은 정해진 문법을 익히고 어휘를 다양하게 외우는 게 전부라고 생각해. 문법은 아무리 어려워도 고 3때까지 선생님께서 세 번 정도는 체계적으로 잡아주시니 걱정할 것은 없지만 스스로 끊임없이 단어 양을 많이 늘리는 게 중요하지 않을까?

선다(沈达): 어휘량을 늘리는 것에 나도 전적으로 동의해. 그리고 학교에서 요구하는 단어들도 중요하지만 평소에 자기가 스스로 조금씩 축적한 단어들도 매우 소중한 것 같아. 'Express'는 표현하다, 감정 따위를 말하다 등으로 자주 쓰이는데 나는 우체국 차에 쓰여 있는 'Express'를 보고 'Car Delivery'와 함께 쓰여 '빠르다'라는 의미도 있다는 걸 알게 됐어. '중국어 공부법'을 정리하면서 말한 것처럼 언어는 생활 속에서 찾는 게 매우 중요하다고 생각해.

리우루(刘璐): 영어 자체를 아예 생활화하면 생활에서 영어를 찾는 게 한층 쉬워 질 거야. 나는 매일 거울 보면서도 영어로 말하고, 혼잣말을 할 때도 영어로 하는데, 영어에 더 쉽게 다가갈 수 있도록 몸을 익숙하게 도와주는 거 같아.

거레한테 이전에 들었는데, 한국 최고의 고등학교인 민사고에서는 'EOP(English Only Policy)'를 사용한데. EOP는 학교·내에서

는 무조건 영어를 사용하는 규칙인데, 이 규칙을 지키면 자연스럽게 영어를 배우는 환경이 조성되지 않을까?

나: 학교에 이런 정책이 없어도, 학생들끼리라도 영어를 사용하는 건 굉장히 중요해. 영재반 학생들이 먼저 모범을 보여야겠지.

4. 문과종합

션다(沈达): 문과종합(정치, 역사, 지리)은 우리의 토론을 거친 결과 이렇게 요약할 수 있지 않을까?

　첫째, 교과서를 자주 읽어 이해하고 외워라. 그리고 둘째, 그 과목의 언어로 문제를 대답해라.

　일주일 동안 중국영재들과 함께 토론도 하고, 〈올드보이〉, 〈선물〉과 같은 한국영화도 감상하며, 비오는 날에 축구를 하는 등 낭만을 즐겼다. 그리고 빌 클린턴을 대통령으로 만든 'FOB(Friends of Bill Clinton)'처럼 꿈을 향해 오늘 하루를 잡는(Carp Diem) 'FOC(Friends of Charles Lee, Charles Lee는 나의 영어이름)'의 창단식도 가졌다. 도식락 연맹, FOC…. 유학을 하면서 친구처럼 큰 재산도 없는 것 같다. 우리가 중국에 대한 한층 깊은 이해가 필요할 때 그들은 두 팔을 벌리고 우리를 맞이해 줄 것이다.

한국 촌놈,
베이징대 접수하다

초판 1쇄 2011년 1월 30일

....

지은이 이겨레

펴낸이 윤영걸 **담당PD** 이윤경 **펴낸곳** 매경출판㈜

등 록 2003년 4월 24일(No. 2-3759)

주 소 우)100-728 서울 중구 필동1가 30번지 매경미디어센터 9층

전 화 02)2000-2610(편집팀) 02)2000-2636(영업팀)

팩 스 02)2000-2609 **이메일** publish@mk.co.kr

인쇄·제본 ㈜M-print 031)8071-0961

....

ISBN 978-89-7442-712-2 (03320)

값 12,000원